Wolfgang Wippermann
Fundamentalismus

Wolfgang Wippermann

Fundamentalismus

Radikale Strömungen in den Weltreligionen

HERDER

FREIBURG · BASEL · WIEN

MIX
Papier aus verantwortungsvollen Quellen
FSC® C106847
FSC
www.fsc.org

www.herder.de

Satz: Layoutsatz Kendlinger Mediendesign, Freiburg
Herstellung: fgb · freiburger graphische betriebe
www.fgb.de

Dieses Werk wurde vermittelt von
Aenne Glienke | Agentur für Autoren und Verlage
www.AenneGlienkeAgentur.de

Printed in Germany

ISBN 978-3-451-30476-7

Inhalt

Schlimmer als Opium
Was ist Fundamentalismus?
Einleitung

„Religion ist das Opium des Volks" – hat Marx gesagt. Hatte er recht? Ist Religion wie Opium? Macht sie die Menschen schläfrig und hindert sie am aktiven politischen Handeln?[1] Nein! Marx hatte nicht recht. Religion kann schlimmer als Opium sein. Religion kann die Menschen wie die Drogen Kokain und Crack aufputschen und aggressiv machen.

Doch zuvor muss die Religion zur Ideologie gemacht werden, mit der die Angehörigen von politischen und religiösen Organisationen ihre jeweiligen religiösen Dogmen und politischen Ziele zu legitimieren und zu verwirklichen suchen. Wenn dies geschieht, haben wir es mit „Fundamentalismus" zu tun. Fundamentalismus ist eine Ideologie,[2] durch welche die Religion politisiert, die Politik dagegen sakralisiert und zur „politischen Religion"[3] gemacht wird. Genauer gesagt handelt es sich um zwei Ideologien und um zwei Formen des Fundamentalismus. Der religiöse Fundamentalismus ist nämlich vom politischen Fundamentalismus zu unterscheiden. Diese definitorische Differenzierung ist notwendig, aber schwer einzuhalten, weil es in der Realität fließende Übergänge zwischen beiden Formen des Fundamentalismus gibt. Religiöse Organisationen können nämlich ebenso wie politische zu fundamentalistischen werden, wenn sie eine religiös motivierte Politik betreiben.

Meine Definition des (religiösen und politischen) Fundamentalismus[4] unterscheidet sich von zwei weiteren. Einmal von einer sehr engen. Dabei wird unter Fundamentalismus die wörtliche und in keiner Weise infrage gestellte Bewahrung und Übernahme von einigen Kernaussagen einer Religion verstanden. Begriffsgeschichtlich ist diese Definition korrekt, ist der Terminus „Fundamentalismus" doch zu Beginn des 20. Jahrhunderts von einigen amerikanischen Protestanten geprägt worden, die einige Grundsätze des christlichen Glaubens als fundamental und nicht hinterfrag- oder gar veränderbar dargestellt haben. Zu diesen „fundamentals" wurden die Schöpfung der Welt durch Gott, die Jungfrauengeburt Jesu und seine Auferstehung sowie einige andere in der Bibel beschriebene und vorgeschriebene Dinge und Gebote gezählt.[5] Als „fundamentalistisch" sind dann auch die Bestrebungen von Angehörigen anderer christlicher Konfessionen und anderer Religionen bezeichnet worden, die jeweiligen religiösen Kernaussagen als fundamental und nicht hinterfragbar darzustellen, was mit einem fundamentalistischen, das heißt wörtlichen Verständnis der jeweiligen heiligen Schrift begründet wird.[6] Dadurch wird die Religion aber noch nicht zur Ideologie gemacht. Dies ist erst dann der Fall, wenn die Beachtung und Durchsetzung der fundamentalistisch verstandenen religiösen Gebote und Verbote im politischen Raum eingefordert wird.

Nach der zweiten, weit gefassten Definition wird Fundamentalismus als Aufstand und Widerstand gegen Aufklärung, Moderne und Vernunft begriffen.[7] Demnach könnten alle Religionen als fundamentalistisch bezeichnet werden. Denn die stehen nun einmal in einem gewissen Widerspruch zur Aufklärung. Einige ihrer Hauptaussagen können nicht mithilfe der Vernunft begründet werden. Auch wenn einige moderne Theologen das Gegenteil behaupten: Religion und Vernunft sind nicht deckungsgleich. Jede Religion ist zumindest in Teilen unvernünftig. Dadurch wird sie aber nicht oder noch nicht fundamentalistisch. Dies ist erst dann der Fall, wenn sie politisiert wird.

Die Definition von Fundamentalismus als Aufstand gegen Aufklärung, Moderne und Vernunft geht aber auch aus einem anderen Grund zu weit. Sind doch keineswegs alle antiaufklärerischen, antimodernen und irrationalistischen politischen Bewegungen als fundamentalistisch zu bezeichnen. Dazu werden sie erst, wenn sie diese Ziele religiös begründen und mit der Berufung auf die Religion durchzusetzen versuchen. Erst durch die Sakralisierung der Politik werden antiaufklärerische, antimoderne und irrationalistische politische Bewegungen und Regime fundamentalistisch.[8] Dies berechtigt aber nicht, sie alle als extremistisch, terroristisch und totalitär zu charakterisieren, wie dies in einigen neueren Arbeiten über den Fundamentalismus im Allgemeinen und den islamischen im Besonderen geschieht.[9] Fundamentalismus ist von Extremismus, Terrorismus und Totalitarismus zu unterscheiden.

Doch lassen wir diesen Streit um Definitionen und Worte. Der beste Weg, Fundamentalismus zu definieren, ist ohnehin, seine Geschichte zu schreiben. Das wird in diesem Buch versucht.[10] Dies jedoch nicht abstrakt und auf einer allgemeinen theoretischen Ebene, sondern sehr konkret und umfassend. Umfassend, weil alle Weltreligionen berücksichtigt werden, und konkret, weil dies anhand ausgewählter Länder geschieht.

Wir fangen mit dem christlichen Fundamentalismus an und behandeln den protestantischen Fundamentalismus in den USA, den katholischen in Spanien und den orthodoxen in Russland. Danach wenden wir uns dem Fundamentalismus in anderen Religionen und Ländern zu und analysieren den islamischen Fundamentalismus im Nahen und Mittleren Osten; den jüdischen Fundamentalismus in Israel; den hinduistischen Fundamentalismus in Indien und schließlich den buddhistischen Fundamentalismus in Tibet.

Wir beginnen meist in der unmittelbaren Gegenwart, um dann jedoch weit in die Geschichte zurückzugreifen, indem wir auf die Entstehung und Entwicklung von religiös-fundamentalistischen Strömungen und politisch-fundamentalistischen Bewegungen in den ausgewählten Ländern eingehen.

Der Bogen, der in dieser globalen Ideologiegeschichte des Fundamentalismus gespannt wird, ist einerseits sehr weit, andererseits aber, was die Auswahl der Länder angeht, auch sehr begrenzt. Beides bedarf der Begründung. Alle Weltreligionen wurden berücksichtigt, um dem Vorwurf der Einseitigkeit und Einäugigkeit zu begegnen. Ein solcher kann der heute modisch gewordenen Kritik des islamischen Fundamentalismus durch Angehörige anderer Religionen gemacht werden. Vor allem christliche Kritiker des ‚islamistischen Splitters' neigen dazu, den ‚fundamentalistischen Balken' im eigenen Auge zu übersehen.

Problematischer und schwieriger zu begründen ist die Auswahl der Länder. Dass der hinduistische Fundamentalismus am Beispiel Indiens und der jüdische Fundamentalismus am Beispiel Israels behandelt werden, ist sicherlich ohne Weiteres einsehbar. Gute Gründe gibt es auch, die Darstellung des islamischen Fundamentalismus auf den Nahen und Mittleren Osten und des Buddhismus auf Tibet zu begrenzen. Doch warum wurden Geschichte und Gegenwart des protestantischen Fundamentalismus in den USA, des katholischen in Spanien und des orthodoxen in Russland analysiert? Soll damit suggeriert werden, dass es diese Varianten des christlichen Fundamentalismus nur in diesen Ländern gegeben hat? Nein, keineswegs! Diese Länder wurden deshalb ausgewählt, weil die religiös-fundamentalistischen Strömungen und die politisch-fundamentalistischen Bewegungen hier besonders bedeutsam waren und immer noch sind.

Was können wir[11] in Deutschland[12] aus der gesamten globalen Ideologiegeschichte des Fundamentalismus lernen? Ich meine Folgendes und stelle folgende These bzw. hier noch Hypothese auf: Fundamentalismus in jeglicher Form und Gestalt ist gefährlich. Dies aber nur dann, wenn politisierte religiöse Dogmen und religiös begründete politische Zielvorstellungen gegen die universalistischen Werte von Menschenrecht und Menschenwürde verstoßen und wenn ihre Verwirklichung nicht mit den demokratischen Prinzipien und Regeln vereinbar ist.[13] Geschieht das, sind die Grenzen der Toleranz überschritten.

Doch dies ist, wie gesagt, meine These bzw. Hypothese, die ich im Folgenden näher begründen, aber keinem aufdrängen möchte. Stattdessen möchte ich sie mit meinen Lesern diskutieren. Aus diesem Grund ist das vorliegende Buch in einer dialogischen und zugleich knappen Form gehalten und in einer allgemein verständlichen Sprache geschrieben. Es wendet sich an einen – hoffentlich – breiten Leserkreis, der sich informieren und sich mit meinen kritischen Thesen auseinandersetzen möchte.

1. „In God we trust“ Protestantischer Fundamentalismus in den USA

„In God we trust“ steht auf den amerikanischen Eindollarnoten. Eine merkwürdige Verbindung von Gott und Geld, die von vielen Europäern als anstößig empfunden wird. Die US-Amerikaner sehen das jedoch anders. Sie vertrauen nicht nur auf Gott, sie glauben auch an ihn. Nach einer Umfrage aus dem Jahr 2002 sollen es 90 Prozent von ihnen sein. Ein Ergebnis, das durch den subjektiven Eindruck, den ausländische Besucher der USA haben, bestätigt wird. Vor allem Deutsche nehmen mehr als verblüfft wahr, dass die Kirchen voll sind. Und dies keineswegs nur zu Weihnachten, sondern wirklich an jedem Sonntag.

Deutsche und Europäer erstaunt auch, dass Amerikaner den Namen Gottes oft und gern in den Mund nehmen und sich auf ihn berufen: Amerikanische Staatsbürger begrüßen sich nicht selten mit „God bless you“; amerikanische Präsidenten beenden ihre Reden meist mit einem „God bless America“. Und amerikanische Beamte leisten ihren Treueid auf die „one nation under God“. Gemeint sind die USA, die von vielen Amerikanern als „God´s own country“ bezeichnet und verherrlicht werden.

Andererseits stellen Deutsche und viele Europäer ebenso erstaunt fest, dass in den USA Kirche und Staat strikt voneinander getrennt sind, weshalb es hier keine Kirchensteuern, keinen Religionsunterricht in staatlichen Schulen und keine religiösen Symbole in staatlichen Behörden gibt.

Amerika hat es zwar, um Goethe zu zitieren, nicht „besser“, es ist aber auf jeden Fall anders. Dieses Anderssein gilt vor allem für das Verhältnis von Politik und Religion. Es ist im höchsten Grade widersprüchlich. Einerseits sind die US-Amerikaner ein sehr religiöses Volk; vielleicht das religiöseste auf der Welt. Andererseits leben sie in einem säkularen Staat; vielleicht dem säkularsten auf der Welt. Wie ist dieser Widerspruch zu erklären und wie wurde er gelöst?

Durch die Schaffung und Entwicklung einer Ideologie des protestantischen Fundamentalismus. Sie ist von einigen amerikanischen Politikwissenschaftlern als „civil religion“ bezeichnet worden. Mit der „civil religion“-Ideologie wird der Anspruch der USA, „God´s own country“ zu sein, das von Gott eine „manifest destiny“, also eine religiös-politische Sendung erhalten habe, legitimiert. Dabei wird die Religion politisiert und die Politik sakralisiert. „Civil religion“ ist politischer Fundamentalismus. Wie ist diese amerikanische Variante des protestantischen Fundamentalismus entstanden?[14]

City upon a hill

Um diese Frage zu beantworten, müssen wir zunächst weit in die Geschichte zurückgreifen. Genauer in die Zeit der ersten Einwanderung durch die schon mythischen „Pilgerväter“. Dabei handelte es sich um englische Protestanten, welche die anglikanische Kirche von allen noch verbliebenen „papistischen“ (gemeint waren katholische) Riten und Ritualen „reinigen“ (to purify) wollten. Dazu wurden die geschmückten Altäre und Bilder in den Kirchen, die prächtigen Gewänder ihrer Priester und generell der weltliche Reichtum der anglikanischen Kirche gezählt. Dieses Reinigungsbestreben brachte den Angehörigen der protestantischen Reformbewegung den keineswegs positiv gemeinten Namen „Puritaner“ ein. Ihre eigene bescheidene, fromme und vor allem moralische Lebensweise wurde als „puritanisch“ bezeichnet und verspottet zugleich.[15]

Mit all dem haben sich die „Puritaner“ nicht gerade beliebt gemacht. Ihr Reformeifer stieß auf die Kritik der anglikanischen Kirche, die auf die Bilder und den Schmuck in ihren Kirchen und ihre eigenen Pfründen und Privilegien nicht verzichten wollte. Ihre puritanische Lebensweise wurde von vielen ihrer englischen Landsleute, die nicht so bescheiden, fromm und moralisch waren und sein wollten, abgelehnt. Der englische König, der zugleich Oberhaupt der anglikanischen Staatskirche war, missbilligte dagegen die demokratische Struktur der puritanischen Gemeinden, die ihre Angelegenheiten selbst regeln wollten – außerhalb der anglikanischen Staatskirche und durch gewählte Gemeinderäte (Presbyter).

Um diesen Anfeindungen – von einer wirklichen Verfolgung konnte eigentlich nicht die Rede sein – zu entgehen, emigrierten einige Puritaner nach Amerika. Hier errichteten sie Siedlungen, in denen sie ihre religiösen und politischen Vorstellungen ausleben und verwirklichen konnten, ohne daran von anderen kirchlichen und staatlichen Organisationen gehindert zu werden. Sie sollten nach protestantischen Prinzipien regiert und verwaltet werden und allen Menschen ein Vorbild sein. Der puritanische Prediger John Winthrop sprach in diesem Zusammenhang von einer „city upon a hill". Dabei berief er sich auf eine Stelle in der Bergpredigt, in der es heißt: „Ihr seid das Licht der Welt. Eine Stadt, die auf dem Berg liegt, kann nicht verborgen bleiben" (Mt 5,14). Möglicherweise war jedoch auch das in der Offenbarung des Johannes erwähnte „neue Jerusalem" gemeint (Offb 21,1–2). Doch ob nun Bergpredigt oder Offenbarung – die puritanische „city upon a hill" sollte einen fundamentalistischen Charakter haben.[16]

So weit, so gut. Doch das war es nicht. Die Pilgerväter waren nämlich längst nicht so gut und vor allem nicht so friedfertig, wie es der amerikanische Mythos will. Zumindest nicht gegenüber den indianischen Ureinwohnern. Mit ihnen gab es von Anfang an kein friedliches Zusammenleben. Die Indianer wurden bekämpft und ihres Landes beraubt. Eine wie auch immer geartete Vermischung mit ihnen fand weder vorher noch nachher statt. Anders als die katholischen Spanier in Mittel- und Südamerika verzichteten die englischen Puritaner auch auf eine Mission der Indianer.

All das war weder gut noch christlich – wurde aber von den Puritanern als gut und christlich angesehen und mit einer fundamentalistischen Auslegung der Bibel begründet. Danach verglichen sich die englischen Puritaner des 17. und 18. Jahrhunderts mit den Juden des Alten Testaments. Die Puritaner seien das neue „Gottesvolk", mit dem Gott einen neuen „Bund" (covenant) abgeschlossen habe. Amerika sei das neue „Gelobte Land", das, wenn es schon nicht „leer" sei, so doch „leer" gemacht werden könne und dürfe. Mit diesem Leermachen war die Bekämpfung der Indianer gemeint, die wiederum mit den biblischen und von den Juden bekämpften Kanaanitern verglichen wurden, weshalb sie ebenfalls bekämpft, ja ausgerottet werden dürften.

Zu dieser fundamentalistisch begründeten Expansionsideologie kam das, was man als ‚innenpolitischen Fundamentalismus' bezeichnen könnte. Erfolgte doch auch die Verwaltung der puritanischen Siedlungen nach fundamentalistischen Grundsätzen. Das Leben und Verhalten jedes Bürgers und jeder Bürgerin wurde von den Gemeinderäten und ihren Vorsitzenden überwacht. Alle rechtlichen und sittlichen Verfehlungen und Verstöße gegen die puritanischen Vorstellungen von Anstand, Sitte und Moral wurden streng bestraft. Mit Freiheit hatte all das wenig zu tun. Die puritanischen Gemeinwesen hatten einen autoritären Charakter. Das galt vor allem für die in Massachusetts.[17]

Dies stieß auf die Kritik des oben erwähnten John Winthrops. Er gründete mit Rhode Island eine neue Kolonie, in der Religion und Politik nicht vermischt, sondern strikt voneinander getrennt waren. Dies war auch in der Kronkolonie Virginia der Fall. Hier wurde 1776 mit der „Virginia declaration of rights“ die Trennung von Staat und Kirche verkündet. Darüber hinaus wurde allen Staatsbürgern die freie Religionsausübung garantiert und zur „Liebe und Barmherzigkeit“ ermahnt. Im 16. und letzten Artikel der „Virginia declaration of rights“ hieß es:

„That religion, or the duty which we owe to our Creator and the manner of discharging it, can be directed by reason and conviction, not by force or violance; and therefore, all men are equally entitled to the free exercise of religion, according to the dictates of conscience; and that it is the natural duty of all to practice Christian forbeance, love, and charity towards each other.“

Insgesamt unterschieden sich die britischen Kolonien und späteren Neuengland-Staaten nicht nur in rechtlicher und ökonomischer, sondern auch in religiöser Hinsicht. Einige hatten einen fundamentalistischen, andere einen säkularen Charakter. Wie sollten diese Unterschiede überwunden werden?

Pursuit of happiness

Die Gründerväter der USA fanden, was die religiösen Dinge anging, eine salomonische Lösung. In der 1776 verfassten Unabhängigkeitserklärung beriefen sie sich zwar auf Gott, der alle Menschen bzw. alle (Gemeint waren aber nur alle männlichen und weißen!) Staatsbürger mit gleichen Rechten ausgestattet habe, ihre Einhaltung und Bewahrung sowie ihr Streben nach Glück aber nicht selbst schütze und durchsetze. Dies sei vielmehr die Aufgabe einer Regierung, die sich auf die Zustimmung der Regierten stütze und stützen müsse, ohne dabei von einer Kirche unterstützt oder gehindert zu werden:

„We hold these truths to be self-evident, that all men are created equal, that they are endowed by their Creator with certain unalienable Rights; that among these are Life, Liberty and the pursuit of happiness. That to secure these rights, Governments are instituted among Men, deriving their just powers form the consent of the governed."

Um diese von Gott gegebenen Rechte der Staatsbürger zu schützen, bedürfe die vom Volk gewählte Regierung nicht der Hilfe der Kirche(n). Daher wurde in der Verfassung, genauer im ersten Zusatzartikel, die strikte Trennung von Kirche und Staat dekretiert. Die damit verkündete säkulare politische Ordnung der USA erfolgte aber unter Berufung auf einen deistischen, d. h. nicht konfessionell bestimmten Gott bzw. einen „Schöpfer" (Creator). Insgesamt handelte es sich um einen damals völlig neuartigen Kompromiss zwischen aufklärerischen Ideen und Idealen und religiösen Dogmen und Prinzipien. Staat und Kirche waren getrennt, aber Politik und Religion miteinander verbunden.

Während die amerikanischen Juden diesen Kompromiss immer und von Anfang an begrüßt haben, weil sie wegen der Trennung von Staat und Kirche weder in religiöser noch in politischer Hinsicht diskriminiert werden konnten, sondern von Anfang an emanzipierte Staatsbürger waren, haben die amerikanischen Katholiken ihn abgelehnt, ja ablehnen müssen, weil die Trennung von Staat und Kirche nicht ihren religiösen Vorstellungen entsprach. Im überwiegend und zunächst sogar fast ausschließlich protestantischen Amerika befanden sich jedoch die Katholiken in einer Minderheitenposition (ursprünglich waren sie nur in Maryland zugelassen), die es ihnen nicht gestattete, so etwas wie einen Kulturkampf gegen den säkularen Staat zu führen.

Bei den protestantischen Kirchen und anderen protestantischen Glaubensgemeinschaften war dies anders. Sie hätten wegen ihrer Stärke und ihrer fundamentalistischen Ausrichtung einen „Kulturkampf" gegen den laizistischen demokratischen Staat führen können. Haben sie es getan?

Die meisten von ihnen lange Zeit nicht. Sie haben die Trennung von Staat und Kirche nicht nur akzeptiert, sie waren und sind sogar stolz darauf, ihre kirchlichen Angelegenheiten selbst regeln zu können, ohne Einsprüche des Staates fürchten zu müssen und auch ohne in den Genuss von Kirchensteuern zu kommen, die es in den USA nicht gibt und die schon gar nicht wie in Deutschland vom Staat eingezogen und an die Kirchen weitergegeben werden. Dennoch oder vielleicht gerade deshalb verfügen die amerikanischen Kirchen und sonstigen christlichen Religionsgemeinschaften über weit mehr aktive und noch dazu freiwillig zahlende Mitglieder als die deutschen.

Awakenings

Doch das war nicht immer und von Anfang an so. Zu Beginn des 19. Jahrhunderts sollen nur noch 5 Prozent der erwachsenen Amerikaner Mitglieder einer protestantischen Kirche gewesen sein. Dies wurde von allen protestantischen Kirchen und noch mehr von den vielen anderen alten und neuen protestantischen Religionsgemeinschaften als Missstand empfunden. Sie riefen aber nicht wie in Deutschland den Staat um Hilfe, sondern griffen zur Selbsthilfe.

Der in den staatlichen Schulen verbotene Religionsunterricht wurde von den Kirchen und sonstigen Religionsgemeinschaften in sogenannten Sonntagsschulen angeboten. An die dem christlichen Glauben entfremdeten Erwachsenen wurden Bibeln verteilt oder weit unter Preis verkauft. Diese nahmen die Geschenke und preisgünstigen Angebote an und wahr und lasen die Bibeln auch, obwohl sie in der englischen Übersetzung aus dem Jahre 1611 gehalten waren, was ihre Lektüre sehr erschwerte. Doch das nahmen die Amerikaner auf sich und tun es immer noch. Ihre Bibelkenntnisse sind wirklich erstaunlich gut. Zur Missionierung der sonstigen Amerikaner wurden sogenannte Erweckungsbewegungen („awakenings“) veranstaltet.[18] Dabei wurden völlig neuartige Methoden angewandt, die einen spezifisch amerikanischen Charakter hatten und Deutschen und anderen Europäern immer fremd geblieben sind.

Wanderprediger schwärmten im Lande aus und hielten sogenannte „minatory sermons“ (= drohende Predigten). Dabei handelte es sich um wahre Höllenpredigten, in denen die Zuhörer aufgefordert wurden, sich zu ihren Sünden zu bekennen. Dies geschah keineswegs nur von der Kanzel, sondern von Angesicht zu Angesicht. Gingen die Prediger doch durch die Kirche und sprachen die einzelnen Gottesdienstbesucher direkt auf ihre Sünden an. Diese ließen sich das nicht nur gefallen, sondern bekannten sich selbst freiwillig zu ihren Sünden. Danach wurden sie von den Predigern zu einer besonderen Bußbank geführt, wo sie dann durch laute Schreie ihre Erlösung bekannt gaben.

Diese besonderen und für Nicht-Amerikaner immer etwas befremdlich anmutenden Gottesdienste wurden dann auf sogenannten „camp meetings" weiter ausgebaut und perfektioniert. Dabei handelte es sich um Massenveranstaltungen, die mindestens einen Tag dauerten. Unterstützt von Hilfspredigern, die bestimmte Worte der Prediger wiederholten, wurden die Teilnehmer direkt angesprochen und veranlasst, ihre Zustimmung durch „jerks" genannte, rhythmische Rufe und selbst durch Purzelbäume zu bekunden, die ernsthaft „holy rollings" genannt wurden. Tatsächliche oder auch nur vermeintliche Sünder wurden dagegen auf einer „Schreckensbank" platziert, wo sie freimütig über ihre Sünden – meist handelte es sich dabei um den Genuss von Alkohol – berichteten, bis sie „ich bin gerettet" schreien durften. Böse Zungen behaupteten aber, dass bei diesen merkwürdigen Veranstaltungen „more souls were made than saved", weil sich einige Frauen und Männer etwas zu nahe gekommen waren.

Über die Erfolge in den „burned-over-districts" genannten Missionsgebieten wurde sorgfältig Buch geführt. Sie waren sehr ansehnlich. Schon 1860 waren 25 Prozent der erwachsenen Amerikaner Mitglieder einer (meist protestantischen) Kirche. Und dieser Prozentsatz stieg weiter an. Die meisten der heutigen Amerikaner, die an Gott glauben – wie bereits erwähnt sollen es 90 Prozent sein –, bekunden ihren Glauben durch die Mitgliedschaft in einer Kirche oder sonstigen Religionsgemeinschaft.

Von diesen Kirchen und Religionsgemeinschaften gibt es unendlich viele. Zu nennen sind neben den bereits erwähnten Anglikanern und Puritanern die Adventisten, Baptisten, Lutheraner, Methodisten, Pfingstler, Quäker, Zeugen Jehovas und viele andere mehr. Sie gelten in den USA als Kirchen und werden als solche angesehen und anerkannt. Nach deutschem und europäischem Verständnis handelt es sich aber meist um „Sekten“. Dies trifft auch auf die größte protestantische Kirche zu. Gemeint ist die baptistische, welche die Erwachsenentaufe praktiziert. In Deutschland wurden diese Baptisten als „Wiedertäufer“ bezeichnet, verleumdet und verfolgt. Nicht so in den USA. Keine der genannten Kirchen und Religionsgemeinschaften ist hier jemals verfolgt worden.

Andererseits hat auch keine der genannten Kirchen und sonstigen Religionsgemeinschaften den demokratischen und säkularen Charakter des Staates grundsätzlich infrage gestellt. Dies obwohl, ja gerade weil sie alle einen religiös fundamentalistischen Charakter haben. Ihre Treue zum Staat wird mit dem Hinweis auf die Bibel begründet, wo es – im 13. Kapitel des Römerbriefes des Apostel Paulus – heißt, dass man der Obrigkeit gehorsam sein soll. Diese Bibelstelle wird keineswegs nur von den notorisch obrigkeitstreuen Lutheranern, sondern auch von den meisten anderen protestantischen Kirchen fundamentalistisch, das heißt wörtlich interpretiert. Dies schließt das Recht zum Widerstand aus, das von europäischen Protestanten unter Berufung auf Calvin verschiedentlich beansprucht worden ist. In den USA war dies jedoch nicht der Fall. Hier hat es keinen religiös motivierten Widerstand gegen den Staat gegeben.

Dennoch haben sich die protestantischen Kirchen zu strittigen politischen Fragen geäußert und mussten dies auch tun. Im 19. Jahrhundert war dies bei der Sklaverei der Fall. Sie wurde aber nur von Teilen der protestantischen Kirchen im Norden der Vereinigten Staaten kritisiert und bekämpft. Die südlichen protestantischen Kirchen haben die Sklaverei dagegen verteidigt. Beim amerikanischen Bürgerkrieg war es ebenso. Die südlichen Kirchen ergriffen Partei für die Politik der sezessionistischen Südstaaten und die nördlichen für die Nordstaaten, die den Bürgerkrieg gewannen und die Einheit der Vereinigten Staaten von Amerika wiederherstellten. Nicht wiederhergestellt wurde die Einheit der einzelnen protestantischen Kirchen. Bei der größten baptistischen gibt es immer noch (nördliche) „Baptists“ und „Southern Baptists“. Beibehalten ist faktisch auch die Trennung nach „Rassen“. Einige Kirchen und Gemeinden im Süden und vereinzelt auch im Norden bestehen entweder nur aus Weißen oder nur aus Schwarzen.

Die Erweckungsbewegungen hatten also keineswegs nur positive Folgen. Negativ zu bewerten ist, dass viele amerikanische Protestanten in ihrer antiaufklärerischen Einstellung und Haltung bestärkt wurden. Dies hat sie veranlasst, die Vermittlung von aufklärerischen Gedanken und neuen wissenschaftlichen Erkenntnissen durch gesellschaftliche und staatliche Organisationen wie Schulen und Universitäten nicht nur zu kritisieren, sondern auch zu verhindern.

Dies galt und gilt einmal für die Darwin'sche Evolutionstheorie, deren Lehre und Verbreitung in den staatlichen Schulen abgelehnt wurde und zum Teil immer noch wird, weil sie mit der fundamentalistisch verstandenen biblischen Schöpfungsgeschichte nicht vereinbar ist. Abgelehnt und bekämpft wurden und werden auch gesellschafts- und vor allem sexualpolitische Reformen, die den Gedanken der Aufklärung verpflichtet sind, aber eben nicht mit bestimmten fundamentalistisch verstandenen und ausgelegten religiösen Lehren und Dogmen übereinstimmen. Die Reihe ist lang. Sie beginnt mit der Frauenemanzipation, die auch in den USA von einigen, aber keineswegs allen protestantischen Kirchen und Sekten – wenigstens zunächst – abgelehnt wurde. Abgelehnt wurde und wird zum Teil bis heute die staatliche Anerkennung gleichgeschlechtlicher Lebensgemeinschaften und die Nicht-Bestrafung von bestimmten geschlechtlichen Verhaltensweisen und sexuellen Praktiken, die in der Bibel als sündig angesehen werden.

All das hat dazu geführt, dass sich verschiedene fundamentalistische Protestanten aus unterschiedlichen Kirchen zu einer noch locker organisierten Abwehrfront zusammengeschlossen haben, die als „Christian Right", „christliche Rechte", bezeichnet wird.[19] Hier droht ein Kulturkampf zwischen fundamentalistischen Christen und dem laizistischen Staat. Das wäre ein Novum in der amerikanischen Geschichte. Denn bisher hat es in den USA weder eine Bekämpfung des Staates durch die Kirchen noch eine staatliche Verfolgung der Kirchen gegeben.

Mormon

Doch es gibt eine Ausnahme: die Mormonen.[20] Diese religiöse Sekte, die in den USA als Kirche angesehen wird, hat sich gegen den Staat gestellt, weshalb sie auch von ihm verfolgt worden ist. An ihrer Verfolgung waren die Mormonen (in Deutschland treten sie unter dem Namen „Kirche Jesu Christi der Heiligen der Letzten Tage“ auf) aber nicht ganz schuldlos. Einmal, weil sie sich zu weit vom christlichen „mainstream“ entfernt haben. Berufen sie sich doch keineswegs nur auf die noch dazu fundamentalistisch ausgelegte Bibel, sondern darüber hinaus auf ein weiteres heiliges Buch. Es ist nach einem visionären Erlebnis, das der Religionsstifter Joseph Smith (1805–1844) gehabt haben will, niedergeschrieben und das „Buch Mormon“ genannt worden. Es enthält einige Lehren, die mit den christlichen nicht übereinstimmen. Dies beginnt mit der Stilisierung Joseph Smiths zu einem neuen Propheten, der wie Jesus „zwölf Apostel“ um sich geschart (von denen übrigens zehn aus seiner Familie stammten) und nicht nur eine neue, sondern die einzig wahre Kirche gegründet haben soll. Ihre Mitglieder pflegten so merkwürdige Riten und Praktiken wie die Taufe von Toten und die Polygamie. Letzteres übrigens mit dem Hinweis auf das Alte Testament.

Mit ihrem Anspruch, die einzigen wahren amerikanischen Christen zu sein, und mit der tatsächlich praktizierten Vielweiberei riefen die Mormonen den Zorn ihrer amerikanischen Landsleute hervor. Es kam zu Übergriffen auf einzelne Mormonen, die vom Staat nicht unterbunden wurden. Prominentestes Opfer war der Religionsstifter Smith selbst. Seine Ermordung veranlasste seinen Nachfolger Brigham Young (1801–1877) dazu, seine Glaubensgenossen zu sammeln und (wie Moses) auf einem „Großen Zug“ in das „Gelobte Land“ zu führen.

Gefunden wurde es 1846 am Großen Salzsee in den Rocky Mountains, wo ein Jahr später, 1847, ein neues „Zion auf dem Kontinent“ gegründet wurde. Es wurde nach einer Honigbiene, an deren Fleiß sich die mormonischen Siedler orientieren sollten, „Deseret Territory“ genannt. Vermutlich – sicher ist das nicht – sollte dieses Territorium in einen unabhängigen Staat umgewandelt werden, der noch dazu nur Mormonen offenstehen sollte.

Dies konnte und wollte der amerikanische Präsident James Buchanan nicht zulassen. Er enthob den religiösen Führer der Mormonen und möglichen Präsidenten des geplanten Mormonen-Staates Brigham Young seines Amtes und ersetzte ihn durch einen Gouverneur, der nicht der mormonischen Glaubensgemeinschaft angehörte. Der von Präsident Buchanan ernannte Gouverneur – er hieß übrigens Alfred Cumming und stammte aus Georgia – sollte darüber hinaus im mormonischen „Deseret Territory" das in allen Vereinigten Staaten erlassene Verbot der Vielweiberei durchsetzen.

Doch die Mormonen widersetzen sich. Daraufhin entsandte Präsident Buchanan Truppen in das abspenstige „Deseret Territory" – ein ungeheuerlicher und in der Geschichte der USA bis dahin nie da gewesener Akt. Präsident Buchanan legitimierte ihn und den 1857 begonnenen sogenannten Utah-Krieg mit dem Hinweis auf ein Massaker, das Mormonen bei einem Angriff auf einen Siedlerzug angerichtet hatten, der sich ihrem Territorium genähert hatte. Dabei sollen weit mehr als 100 Siedler umgekommen sein. Sie sind von Mormonen und von einigen mit ihnen verbündeten Indianern getötet worden. Nur einige Kinder wurden verschont und mormonischen Familien übergeben.

Einen besseren (oder: schlechteren) Kriegsgrund hätten die USA nicht finden können. Dennoch wurde der Krieg nicht bis zur „bedingungslosen Kapitulation" der Mormonen geführt. Die Hauptstadt des „Deseret Territory" Salt Lake City wurde nicht zerstört, ja noch nicht einmal eingenommen. Sie wurde in die Hauptstadt des neuen, 45. Bundesstaates der USA, Utah, umgewandelt. Regiert wurde er von dem bereits erwähnten Gouverneur Alfred Cumming, der dieses Amt einfach von seinem Vorgänger Brigham Young übernahm, der für seine Taten und Untaten nicht bestraft wurde. In Utah wurde daraufhin wie in den übrigen Staaten der USA eine strikte Trennung von Staat und Kirche eingeführt und das Verbot der Polygamie durchgesetzt.

Dabei ist es bis heute geblieben. Utah hat sich zu einem blühenden, finanzstarken und – fast – normalen Bundesstaat entwickelt. Die Mormonen selbst werden nirgendwo verfolgt, sind überall als Angehörige einer (christlichen!) Religionsgemeinschaft anerkannt und werden wegen ihres Fleißes und – noch mehr – ihrer Finanzkraft geschätzt, aber insgeheim auch beneidet. Dies kann und hat auch nicht die Zustimmung von fundamentalistischen Protestanten gefunden. Denn für sie sind und können die Mormonen keine rechten Christen sein. Dennoch haben sie und die Angehörigen der christlichen Rechten nicht verhindern können, dass die betont christliche und rechte Partei der Republikaner mit Mitt Romney einen bekennenden Mormonen zum Kandidaten für die Präsidentschaftswahl im November 2012 nominiert hat. Ein höchst merkwürdiger Vorgang, der schwer zu deuten ist. Er kann bedeuten, dass der protestantische Fundamentalismus an Einfluss gewonnen hat, er kann aber auch darauf hinweisen, dass es mit ihm zu Ende geht. Darauf wird am Schluss noch einzugehen sein. Doch zuvor soll noch ein Blick auf politische Bewegungen geworfen werden, die eine religiös motivierte Zielsetzung vertraten und deshalb ebenfalls als fundamentalistisch im politischen Sinne einzuschätzen sind.[21]

Ku-Klux-Klan

An erster Stelle ist der ebenso berühmte wie berüchtigte Ku-Klux-Klan zu nennen. Diese nach dem griechischen Wort für Kreis „kyklos" und den schottischen „clans" benannte rassistische Organisation wurde 1865 in Pulaski/Tennessee von einigen Offizieren der Armee gegründet. Ursprünglich wies der Ku-Klux-Klan Ähnlichkeiten mit den amerikanischen Studentenverbindungen – „fraternities" – auf, die bekanntlich griechische Bezeichnungen bzw. Buchstabenkombinationen tragen.[22] Wie die Verbindungsbrüder huldigten die „Brüder" oder „Ritter" des Klans merkwürdigen Riten und betrieben allerlei Schabernack: Sie hüllten sich in weiße Bettlaken, verbrannten Holzkreuze und erschreckten ihre schwarzen Mitbürger. Diese Dummejungenstreiche waren ihnen aber bald nicht mehr genug, weshalb sie dazu übergingen, die gerade emanzipierten und zunächst auch mit dem Wahlrecht ausgestatteten Afroamerikaner zu terrorisieren. Dem immer mehr eskalierenden Terror des Klans fielen letztlich Hunderte, wenn nicht Tausende von Schwarzen zum Opfer, die mit ausgeklügelten und immer grausamer werdenden Methoden gefoltert, verstümmelt und ermordet wurden. Diese Gewalttaten und atavistischen Gewaltrituale ähnelten denen der späteren europäischen Faschisten. Ähnlich wie den italienischen „squadristi" und den deutschen SA-Männern gelang es den „clansmen", in immer größer werdenden Teilen der Südstaaten so etwas wie eine „alternative Zivilautorität" zu errichten.[23]

Begründet wurde all das mit einer fundamentalistischen Ideologie. Danach betrachten sich die Weißen angelsächsischer Herkunft und protestantischen Glaubens – die sogenannten „White Anglo Saxon Protestants“ (WASPs) – als die eigentlichen Herren des Landes, die ihre ihnen von Gott gegebene Herrschaft auch über die Schwarzen ausüben können und dürfen, weil es sich bei ihnen um die Nachkommen des im Alten Testament (Gen 9,25–27) erwähnten Hams handelt, der von seinem Vater – Noah – verflucht und verpflichtet worden ist, seinen Brüdern (Sem und Japhet) zu dienen. Aus dem Dienen des im wörtlichen Sinne angeschwärzten Hams und seiner Nachkommen entstand dann die Sklaverei aller Schwarzen, die so religiös legitimiert wurde. Ihre Aufhebung durch die siegreichen Nordstaaten wurde von den „clansmen“ und von vielen weiteren Bürgern der Südstaaten als Verstoß gegen Gottes Gebote aufgefasst. Die weitere rassistische Diskriminierung der nur formal befreiten Afroamerikaner wurde religiös begründet. Das ist Fundamentalismus pur.

Dennoch griff der säkulare Staat nicht ein. Wenigstens zunächst nicht. Erst 1871 wurde ein Gesetz – die „Ku-Klux-Klan-Bill“ – verabschiedet, durch das die Bundesbehörden ermächtigt wurden, die terroristischen Aktivitäten des Klans, die von den Behörden der Südstaaten toleriert wurden, zu unterbinden. Das führte zu einem sukzessiven Rückgang des Klans. Wenigstens zunächst.

Zu einer Neubelebung kam es nach dem Ersten Weltkrieg. Der Klan wurde zu einer Massenbewegung, der Anfang der 1920er-Jahre 100.000 (weiße) Amerikaner angehörten. Die meisten von ihnen kamen immer noch aus dem Süden. Zu ihnen waren aber auch viele aus dem Norden gestoßen. Hatte sich der Klan doch auch auf einige Nordstaaten ausgebreitet, wo „realms“ genannte, lokale und regionale Stützpunkte errichtet worden waren.

Mit der territorialen Erweiterung war auch eine Veränderung der politisch-ideologischen Stoßrichtung des Klans verbunden. Wandte sich der Klan doch keineswegs mehr nur gegen die nach wie vor weitgehend entrechteten und rassistisch diskriminierten Afroamerikaner, sondern auch gegen Juden sowie Kommunisten. Damit verband er seinen ursprünglichen Rassismus mit einem ebenfalls vornehmlich religiös begründeten Antisemitismus und Antikommunismus, wodurch der heute noch bestehende Ku-Klux-Klan eine fatale Ähnlichkeit mit den zeitgenössischen faschistischen Bewegungen erhielt.

Eindeutig faschistische, genauer gesagt „fundamentalistisch-faschistische“[24] Bewegungen hat es jedoch auch in den USA gegeben – und gibt es immer noch. Die erste wurde 1935 von Charles Coughlin (1891–1972) gegründet. Coughlin selbst war zwar katholischer Priester, hat seine Anhänger aber vornehmlich unter Protestanten gefunden. Bekannt war er durch einige Rundfunkreden geworden, in denen er sowohl gegen den Kapitalismus als auch den Kommunismus gewettert hatte, weil beide von Juden gesteuert seien. Seine zunächst „National Union for Social Justice“ und dann schlicht „Union Party“ genannte Partei setzte sich für die Präsidentschaftskandidatur von William Lemke ein, die aber scheiterte, was Coughlin selbst zu weiteren antikommunistischen und antisemitischen Ausfällen veranlasste, die er mit der offenen Bewunderung für Hitlers Kampf gegen Kommunisten und Juden verband. Dies ging so weit, dass er in seiner Partei den Hitler-Gruß einführte und eine am Vorbild der SA orientierte Terrororganisation namens „Christian Front“ ins Leben rief. Sie wurde jedoch bereits 1940 vom FBI verboten, weil sie zum Mord an Juden und Kommunisten aufgerufen haben soll. Das veranlasste die katholische Kirche, sich von ihrem fehlgeleiteten Hirten zu distanzieren. Der Bischof von Detroit untersagte 1942 Father Coughlin jegliche weitere politische Tätigkeit. Als immer noch guter Katholik gehorchte Coughlin und beschränkte sich fortan auf das Verfassen von antikommunistischen Pamphleten. Große Beachtung fanden sie nicht. Coughlin selbst wurde vergessen.

Nicht vergessen und zum Teil noch höchst gegenwärtig sind einige andere amerikanische Fundamentalisten und Faschisten. Zu erwähnen ist einmal Gerald Burton Winrod (1881–?), der 1937 eine Bewegung ins Leben rief, die „Defenders of the Christian Faith“ hieß. Burtons „Verteidiger des christlichen Glaubens“ vertraten einen religiös begründeten Antikommunismus und Antisemitismus und bekundeten dies öffentlich in einer Zeitschrift mit Namen „The Defender“, die in einer Auflage von über 100.000 Stück erschien. In guter oder schlechter fundamentalistischer Tradition wurden die USA hier als das „Gelobte Land“ gefeiert, das jedoch einer Verschwörung des Teufels ausgesetzt sei, zu dessen Agenten neben Kommunisten und

Juden auch der amerikanische Präsident Roosevelt gehöre. Rettung erwartete Winrod dagegen von Hitler. Diese offene Bewunderung für den deutschen Diktator war den amerikanischen Behörden zu viel. Sie ließen Winrod 1942 verhaften und einsperren.

Verhaftet wurde schließlich auch der wohl wichtigste amerikanische Faschist dieser Phase. Sein Name war William Dudley Pelley (1890–1965).[25] Auch der 1890 als Sohn eines methodistischen Pfarrers in Massachusetts geborene Pelley verfügte über einen fundamentalistischen Hintergrund und hatte ein für amerikanische Fundamentalisten geradezu typisches Erweckungserlebnis gehabt, über das er gleich ein Buch mit dem Titel „My seven minutes in eternity" schrieb. Dies war 1928. Kurz danach stiftete er in North Carolina ein College, das auf „soziale Metaphysik" spezialisiert war. 1933 scheint er dann in Hitler seinen Retter und Erlöser gesehen zu haben. Um auch seine Landsleute davon zu überzeugen, gründete er noch im gleichen Jahr eine Partei. Sie hieß „Silver Legion". Ihre Mitglieder wurden wegen ihrer silberfarbenen Hemden „Silver Shirts" genannt. Wie ihre europäischen Vorbilder vertrat diese faschistische Partei eine sowohl antikommunistische wie antisemitische Zielsetzung, was sie jedoch mit Anleihen an ein fundamentalistisch verstandenes Christentum begründete. Eine merkwürdige ideologische Mischung, die jedoch einige Anziehungskraft besaß.

Dies veranlasste Pelley, bei der Präsidentschaftswahl von 1936 gegen Roosevelt anzutreten, was die amerikanischen Sicherheitsbehörden alarmierte. Sie ließen Pelleys Partei 1940 verbieten und Pelley selbst verhaften. Er wurde wegen Steuerhinterziehung (!) zu 15 Jahren Gefängnis verurteilt. Erst 1950 kam Pelley wieder frei. Bis zu seinem Tod im Jahr 1965 ist er nicht mehr politisch aktiv geworden. Das ist insofern erstaunlich, weil es gerade in dieser Zeit zu einer weiteren Krise des politischen Systems der USA gekommen ist, welche die Entstehung weiterer faschistischer Bewegungen begünstigt hat.

Nachfolgend sollen nur diejenigen erwähnt werden, die einen (von mir so genannten) fundamentalistisch-faschistischen Charakter haben. Sie berufen sich auf eine fundamentalistische Ideologie, die als „Christian identity" bezeichnet wird. In ihrem Zentrum steht die „two seedlines doctrine". Danach sind die (weißen) US-Amerikaner das von Gott „auserwählte Volk". Die Juden gelten dagegen als Abkömmlinge Esaus, des Brudermörders Kain oder einer sexuellen Beziehung, die Eva mit der Schlange im Paradies gehabt haben soll. Die bei Johannes 8,44 tatsächlich als „Kinder des Teufels" bezeichneten Juden sollen sich gegen die „wahren Juden" bzw. die „weiße Rasse" verschworen haben. Ihr Angriff könne jedoch abgewehrt werden, wenn man sich auf die in der Offenbarung des Johannes vorhergesagte Endschlacht von Armageddon vorbereitet, und zwar durch ein paramilitärisches Training im Hier und Jetzt.

Dieses ebenso abscheuliche wie ungenießbare ideologische Gebräu aus Fundamentalismus und Faschismus wird von einigen faschistisch-fundamentalistischen Bewegungen gelehrt bzw. verabreicht, die sich jedoch (auch um in den Genuss der Steuerfreiheit zu kommen) „Kirchen" nennen. Davon soll es im Jahr 1997 fast hundert gegeben haben. Besonders wichtig und zugleich gefährlich waren zwei.

Einmal die „Church of Jesus Christ/Aryan Nation", die von dem ehemaligen Mitglied des Ku-Klux-Klans Wesley Swift gegründet und nach dessen Tod im Jahr 1970 von Richard Butler weitergeführt wurde. Butler unterhielt im Bundesstaat Idaho ein Trainingszentrum, das so etwas wie ein „national racial state" im Miniformat war, in dem diese ‚christlichen Arier' nicht nur militärisch auf die Endschlacht von Armageddon vorbereitet, sondern auch in die rassistischen und eugenischen Lehren der Nazis eingeweiht wurden, die sie bei ihrer Partnerwahl zu berücksichtigen hatten. Bei diesem ihrem rassistischen Treiben wurden die Butler-Faschisten sowohl von den Bundesbehörden als auch den Behörden von Idaho völlig in Ruhe gelassen.

Das änderte sich, als 1998 Mitglieder der Familie Keenan, die wegen einer Autopanne vor Butlers Anwesen halten mussten, von seinen Wachen angegriffen und beschossen wurden. Diesen in den USA keineswegs ungewöhnlichen Vorfall nahmen nun antifaschistische Organisationen zum Anlass, um Butler mithilfe von einigen teuren, aber tüchtigen Anwälten auf Schadensersatz in Höhe von 6,3 Millionen Dollar zu verklagen. Das Gericht folgte ihrem Antrag. Butler konnte die Entschädigungssumme nicht zahlen, weshalb sein Rassenstaat Bankrott ging. Über das gegenwärtige Wirken dieser unheiligen, weil faschistischen „Church of Jesus Christ/Aryan Nation" ist nichts bekannt.

Auch von der „World Church of the Creator", die nach dem ruhmlosen Untergang von Butlers Rassenstaat von dem 1971 geborenen Matthew F. Hale gegründet worden ist, hört man nicht mehr viel. Bei dieser ‚Kirche', zu deren „Pontifex Maximus" sich Hale ernannt hatte, handelte es sich ebenfalls um eine fundamentalistisch-faschistische Partei. Sie wurde durch verschiedene rassistisch motivierte Gewalttaten bekannt, denen auch ein Richter zum Opfer fiel. Wegen Beihilfe zu diesem Mord ist der „Pontifex Maximus" Hale 2003 zu vierzig Jahren Gefängnis verurteilt worden.

Nun handelt es sich bei diesen fundamentalistischen und fundamentalistisch-faschistischen Bewegungen samt und sonders um Splittergruppen, die den demokratischen Charakter des amerikanischen Gesamtstaates niemals ernsthaft infrage gestellt haben. Sie könnten dies aber durchaus tun, weshalb sie in Deutschland mit Sicherheit verboten wären. Derartige Parteiverbote hat es jedoch in den USA nur in ganz wenigen Fällen gegeben. Sind und handeln die USA toleranter als wir? Keineswegs! Sie haben sowohl im Inneren wie nach außen eine intolerante und fundamentalistisch motivierte Politik betrieben. Zunächst zum innenpolitischen Fundamentalismus.

Enemy within

Im Inneren haben sich die USA von Anfang an von einem ominösen Feind bedroht gefühlt.[26] Diesen „enemy within" fürchteten die Amerikaner, wie sie den Teufel fürchteten und immer noch fürchten. (60 Prozent der heutigen Amerikaner glauben nicht nur an den Teufel, sie wollen ihm sogar persönlich begegnet sein!) Daher wurde der „enemy within" geradezu verteufelt. Genauer gesagt handelte es sich um mehrere „enemies within". Zunächst waren es die Indianer, dann die Mexikaner und schließlich im 19. Jahrhundert die amerikanische Arbeiterbewegung.[27] Dies obwohl oder vielleicht auch weil sie äußerst schwach war. Auf jeden Fall weitaus schwächer als die europäische Arbeiterbewegung. Das hat ausländische Beobachter immer verblüfft. Schließlich gab es auch in den USA eine soziale Frage, die von niemandem und schon gar nicht vom Staat gelöst oder zumindest in ihren Folgen abgemildert wurde, wie dies etwa im deutschen Kaiserreich zumindest versucht worden ist. Eine aktive staatliche Sozialpolitik ist von den völlig unbeschränkt und geradezu oligarchisch herrschenden amerikanischen Unternehmern verhindert worden, die sich in ihrer in sozialen Fragen völlig intransigenten Haltung durch den protestantischen Prädestinationsglauben bestärkt fühlten. Sie sahen ihre wirtschaftlichen Erfolge als gottgewollt und als Zeugnis ihrer eigenen Auserwähltheit an. Die gnadenlose Ausbeutung ihrer Arbeiter wurde ebenfalls als gottgewollt ausgegeben. Ein wie auch immer geartetes soziales Gewissen hatten die zumeist protestantischen Unternehmer nicht. Ein solches wurde aber auch weder vom Staat noch von den Kirchen angemahnt. Das viel gerühmte „American creed" war prokapitalistisch und antisozialistisch.

Das änderte sich erst nach dem Ersten Weltkrieg. Die durch den Krieg ausgelöste Belebung der Konjunktur hatte zu einem Erstarken der Gewerkschaften geführt, denen es gelungen war, einige Lohnerhöhungen durchzusetzen. Diese waren von den Unternehmern nur widerwillig akzeptiert worden und sollten nach dem Krieg und bei der Umstellung von Kriegs- auf Friedenswirtschaft wieder rückgängig gemacht werden. Um dieses sehr eigennützige Ziel zu begründen, wiesen die Wirtschaftsbosse im Verein mit einigen konservativen Politikern auf eine angeblich drohende außenpolitische Gefahr hin. Gemeint war die damals in einen blutigen und sie schwächenden Bürgerkrieg verstrickte Sowjetunion, die sich daher auch beim besten (oder schlechtesten) Willen nicht in die inneramerikanischen Angelegenheiten einmischen oder gar die USA militärisch angreifen konnte. Dennoch wurde ihr das mit der Behauptung unterstellt, dass es in den USA bereits so etwas wie eine „fünfte Kolonne" der Sowjetunion gäbe. Mit diesen fundamentalistischen Ideologien wurden die Verfolgungswellen der amerikanischen Arbeiterbewegung begründet.

Die erste setzte unmittelbar nach dem Ersten Weltkrieg ein und wird mit dem sehr missverständlichen Begriff „red scare" bezeichnet.[28] Missverständlich deshalb, weil es einen solchen „roten Schrecken" gar nicht gab. Die politischen Parteien der Arbeiterbewegung waren nach wie vor nahezu bedeutungslos und die etwas stärker gewordenen Gewerkschaften waren reformistisch eingestellt und betrieben eine rein gewerkschaftliche Politik bzw. verfolgten einen

„true and simple trade unionism"-Kurs. Doch es gab eine Ausnahme. Dabei handelte es sich um die neue Gewerkschaft der „Industrial Workers of the World" (IWW), die sich der radikalen Rhetorik der Bolschewisten bediente, aber natürlich nicht im Ernst daran dachte, in den USA eine bolschewistische Revolution auszurufen. Doch genau das wurde den Teilnehmern der Streiks unterstellt, die sich, ausgehend von Seattle im Westen, in der ersten Hälfte des Jahres 1919 fast über das ganze Land ausbreiteten. Die Rede von der „roten Gefahr" („red menace") machte die Runde. Die Wirtschaftsbosse baten sogar die ansonsten so verhasste Zentralregierung um Hilfe.

Dies war neu und kam überraschend. Einmal, weil dies ja die Existenz eines starken Staates voraussetzte, der jedoch in Amerika nicht existierte und gemäß des „American creed" auch nicht existieren durfte. Unter dem Präsidenten Woodrow Wilson war er sogar besonders schwach, weil Wilson sich völlig auf die Annahme des Versailler Vertrages und ein stärkeres Engagement Amerikas in Europa konzentrierte. Als diese Bemühungen fehlschlugen, resignierte der inzwischen auch durch einen Schlaganfall körperlich geschwächte Präsident. Das Land war in dieser schwierigen innenpolitischen Situation nahezu führerlos.

Das war die Stunde des bis dahin kaum bekannten und politisch nahezu einflusslosen Justizministers A. Mitchell Palmer, der eine Serie von niemals aufgeklärten Bombenanschlägen, der auch sein eigenes Haus zum Opfer fiel, zum Anlass nahm, um eine neue Kampagne gegen die vermeintliche „rote Gefahr" zu starten. Zu diesem Zweck rief er eine im Justizministerium angesiedelte „General Intelligence Division" ins Leben, die von dem damals erst 24jährigen J. Edgar Hoover geleitet wurde. Dieser speziell zur Bekämpfung der „roten Gefahr" gegründete Geheimdienst sammelte Informationen über und platzierte Agenten in verschiedensten linken Organisationen und Gewerkschaften.

Obwohl schon im Herbst 1919 Ausmaß und Zahl der Streiks zurückgingen, weil die meisten von der Polizei mit gewaltsamen Methoden zerschlagen wurden – obwohl also die „rote Gefahr" schon vorüber war, wenn es sie denn überhaupt gegeben hatte –, schlugen Palmer und sein Adlatus Hoover zu. Dies keineswegs nur mithilfe der Polizei und anderer Bundesbehörden, sondern auch mit sogenannten „secret armies of volunteers“.[29] Die wichtigste war der 1919 gegründete Veteranenverband „American Legion“.

Im November 1919 überfielen Bundespolizisten und Legionäre in zwölf Städten der USA die Büros der „Union of Russian Workers“. Schriftliche Unterlagen dieser kleinen gewerkschaftlichen Gruppe wurden beschlagnahmt und Tausende ihrer Mitglieder verhaftet. Viele – insgesamt waren es 249 – wurden zudem zu unerwünschten Ausländern erklärt und ausgewiesen. Anfang 1920 wurden in über dreißig Städten die Geschäftsstellen und Versammlungsorte der gerade, das heißt 1919, gegründeten Kommunistischen Partei der USA (CPUSA) Opfer dieser sogenannten „Palmer raids“. Zwischen fünf und zehntausend tatsächliche oder auch nur angebliche Kommunisten wurden gefangen genommen. Kurz zuvor hatten in der Stadt Centralia im US-Staat Washington Angehörige der „Amercian Legion“ Mitglieder der „Industrial Workers of the World“ überfallen. Die, wie sie meist genannt wurden, „Wobblies“ wehrten sich jedoch und erschossen drei Legionäre, worauf diese mit dem Lynchmord an einem „Wobbly“ antworteten.

All das erinnert an die gleichzeitigen Vorgänge im faschistischen Italien. Dennoch ist aus Palmer kein ‚amerikanischer Mussolini‘ und aus der „American Legion“ keine amerikanische faschistische Partei geworden. Völlig anders als in Italien (und dann in Deutschland) erwiesen sich nämlich die amerikanischen demokratischen Institutionen als stabil. Hinzu kam, dass sich auch in der amerikanischen Öffentlichkeit ein Prozess der Ernüchterung durchsetzte. Beigetragen dazu hatte, allerdings unfreiwillig, der Initiator der „Palmer raids“ selbst. Hatte der Justizminister doch persönlich vor einem Aufstand der Linken gewarnt, der am 1. Mai 1920 stattfinden sollte, aber eben nicht stattfand, weshalb die überall im Lande mobilisierten Polizei- und Armeeeinheiten unverrichteter Dinge wieder abziehen mussten. Damit hatte sich Palmer lächerlich gemacht. Außerdem wurde er von führenden Anwälten des Landes beschuldigt, mit seinen Überfällen („raids“) gegen Gesetze verstoßen und unschuldige Bürger verhaftet zu haben. Palmer verschwand wieder von der politischen Bildfläche. Doch nicht der von ihm angeheizte und zugleich instrumentalisierte Antikommunismus, der in den USA eine besondere und besonders stark ausgeprägte religiöse Färbung hatte. Darauf wird noch einmal einzugehen sein. Doch zuvor zum außenpolitischen Fundamentalismus. Er stand im Zeichen eines Kampfes gegen ein imaginiertes „Reich des Bösen".

Empire of evil

Die Bekämpfung des ominösen „empire of evil" wurde wiederum mit dem Hinweis auf die amerikanische „manifest destiny" begründet. Gemeint ist der amerikanische Imperialismus, der nahtlos an das innenpolitische Expansionsstreben anknüpfte, bei dem die „frontier" immer weiter nach Westen verschoben wurde. All das auf Kosten der verdrängten und fast ausgerotteten Indianer und durch Kriege erst gegen die Franzosen, dann gegen die englische Kolonialmacht und schließlich gegen die Mexikaner. Auf ihre religiöse Sendung beriefen sich die Amerikaner auch dann noch, als sie mit Erreichen des Pazifischen Ozeans die natürliche oder geografische „frontier" erreicht hatten, um sofort in den gesamten pazifischen Raum auszugreifen, wo sie Stützpunkte und Kolonien eroberten, die zum Teil wie Hawaii in den amerikanischen Staatenbund integriert wurden. Zur direkten Herrschaft im pazifischen Raum kam die indirekte in einigen Ländern Süd- und vor allem Mittelamerikas. Diese war zwar ökonomisch motiviert und diente den Interessen der amerikanischen Unternehmen, wurde aber zugleich fundamentalistisch mit dem Hinweis auf die amerikanische Sendungsideologie begründet. Obwohl es also vornehmlich um Geld ging, war wiederum viel von Gott die Rede. Derartige fundamentalistische Ideologien kennzeichneten zwar auch den Imperialismus der europäischen Mächte, doch beim amerikanischen waren sie besonders stark ausgeprägt. Dennoch oder gerade deshalb wurde der amerikanische fundamentalistische Imperialismus von den Amerikanern selbst kaum kritisiert. Die amerikanischen Imperialisten fühlten sich bei ihrer Politik einfach im Recht, eben weil ihre Sache als gerecht, weil gottgewollt angesehen wurde.

Erst nachdem sich die USA 1917 in den Krieg der europäischen imperialistischen Mächte nicht ohne eigenes Zutun hatten hineinziehen lassen, zogen sie sich nach dem Ersten Weltkrieg auf innenpolitischen Druck hin aus der Weltpolitik zurück, ohne jedoch ihr eigenes imperialistisches Expansionsstreben im Pazifik und in Mittel- und Südamerika aufzugeben. Die neue isolationistisch genannte Politik hat die USA auch nicht daran gehindert, aktiv und militärisch in den russischen Bürgerkrieg einzugreifen. Weitere Eingriffe und militärische Interventionen sind der Sowjetunion und dann auch den faschistischen Staaten in Italien und Deutschland angedroht worden. Immer mit Hinweis auf die zu schützende Demokratie und die Einhaltung der von Gott gegebenen Gebote.[30] Dem ebenfalls als faschistisch eingeschätzten Japan verübelten die USA außerdem das Expansionsbestreben in Ostasien und dann noch im Pazifik. Hinzu kamen rassistische und religiöse Vorurteile gegenüber den „asiatischen" und aus christlicher Sicht „heidnischen" Japanern. Gegen das faschistische Deutschland wurde gar ein „Kreuzzug" geführt.

Dieser „crusade for democracy" gegen das faschistische „empire of evil" wurde aber im Bündnis mit einem anderen „empire of evil" geführt – und gewonnen. Gemeint war die Sowjetunion unter Stalin. Unter politischen und militärischen Gesichtspunkten war dieses Bündnis notwendig und gerechtfertigt. Doch nicht unter demokratischen und christlichen. Schließlich war die Sowjetunion weder demokratisch noch christlich und außerdem noch kommunistisch. In allen Punkten stellte sie das genaue Gegenteil der demokratischen, christlichen und kapitalistischen USA dar. Daher waren der Bruch dieses unnatürlichen Bündnisses und der Ausbruch eines neuen Krieges, des sogenannten „Kalten Krieges", geradezu unvermeidlich. Im Zuge des gegen das kommunistische „empire of evil" geführten Krieges kam es in Amerika selbst zu einer erneuten antikommunistischen Verfolgungswelle. Sie wird in der amerikanischen Historiografie nach dem Senator Joseph McCarthy als „McCarthyism" bezeichnet.[31] Diese personalisierende Bezeichnung ist irreführend und exkulpiert die gesamte amerikanische Administration. Der zum Vorsitzenden des berühmt-berüchtigten Untersuchungsausschusses für „unamerikanische Aktivitäten" ernannte McCarthy war nur der antikommunistische Inquisitor, nicht der Initiator der neuen Kommunistenverfolgung. Für sie waren die amerikanischen Präsidenten von Truman über Eisenhower bis Kennedy verantwortlich. Die innenpolitische Bekämpfung des

Kommunismus wurde aber kaum noch mit fundamentalistischen Motiven begründet.

Das war im außenpolitischen Bereich anders. Darauf deuten bereits die im Propaganda-Krieg gegen die Sowjetunion verwandten religiösen Metaphern wie „Krieg der Sterne", „Reich des Bösen" etc. hin. Der reale, aber formell gar nicht erklärte Krieg in Vietnam wurde ebenfalls keineswegs nur mit politischen Motiven – um das angenommene Ausgreifen des Kommunismus zu verhindern –, sondern auch mit gewissen christlichen oder besser pseudochristlichen Propagandaformeln begründet. Ähnliches galt für die verschiedenen völkerrechtswidrigen Eingriffe der USA in die inneren Angelegenheiten einiger weiterer mittel- und südamerikanischer Länder – zum Beispiel in Chile.

Die fundamentalistisch legitimierte imperialistische Außenpolitik stieß jedoch in den USA selbst auf Kritik, die wiederum mit fundamentalistischen Argumenten begründet wurde. Dies galt vor allem für die breite und immer breiter werdende Protestbewegung gegen den Vietnamkrieg, die sich dabei auch gewisser religiöser Formen und Methoden bediente. Für den Frieden wurde gebetet und gegen den Krieg wurde durch das Absingen von religiösen Liedern protestiert. Beides mit Unterstützung der Angehörigen einiger Kirchen und Religionsgemeinschaften. Der religiös-fundamentalistische Charakter der amerikanischen Protest- und Friedensbewegung irritierte die deutsche und europäische, denn ein solcher war in Deutschland und Europa kaum vorhanden. Dennoch oder gerade deshalb war die amerikanische Friedens- und Protestbewegung erfolgreich. Der Vietnamkrieg wurde beendet, ohne den angestrebten militärischen und politischen Erfolg zu haben.

Der Kalte Krieg endete dagegen mit einem fast schon total zu nennenden Erfolg der USA. Er wurde wiederum mit einer fundamentalistischen Ideologie gefeiert. Gott habe mithilfe der gottesfürchtigen USA über das teuflische kommunistische „Reich des Bösen" triumphiert. Die von Gott gegebene und mit der Berufung auf Gott begründete (amerikanische) Demokratie habe über die gottlose (kommunistische) Diktatur gesiegt. In unverkennbarer Anspielung auf die in der Bibel geweissagte Endzeit verkündete der amerikanische Historiker Francis Fukuyama das „Ende der Geschichte".[32]

Clash of civilizations

Leider könnte man fast sagen, hatte Fukuyama nicht recht. Die Geschichte nahm kein Ende; zumindest kein friedliches. Stattdessen kam es zu dem, was Fukuyamas Kollege Samuel Huntington als „clash of civilizations" bezeichnet und vorhergesagt hat.[33] Dieser „Kampf der Kulturen" findet nicht mehr zwischen dem demokratischen Westen und dem kommunistischen Osten statt, sondern zwischen dem westlichen und dem islamischen „Kulturkreis".

Auslöser des neuen „Kampfes der Kulturen" und, wie zu ergänzen wäre, „Kampfes der Religionen" waren die von Islamisten verübten Terroranschläge auf das New Yorker World Trade Center am 11. September 2001. Dadurch fühlten sich viele Amerikaner in ihrer Urangst vor dem „enemy within" bestätigt und forderten einen Kampf gegen dieses neue „empire of evil".

Der amerikanische Präsident George W. Bush reagierte, indem er dazu aufrief, einen, zunächst sogar als „crusade" bezeichneten, „war on terror" gegen die gesamte „axis of evil" zu führen, wozu keineswegs nur islamistische Terrorgruppen vom Schlage der Al Qaida, sondern alle islamischen Staaten gerechnet wurden. Im Januar 2003 erklärte Bush in seiner Rede zur Lage der Nation Folgendes: „Wir gehen mit Zuversicht voran, weil dieser Ruf der Geschichte das richtige Land erreicht hat. (...) Die Freiheit, die wir schätzen, ist nicht Amerikas Geschenk an die Welt, sie ist das Geschenk Gottes an die Menschheit."[34]

Diesen religiös-fundamentalistischen Worten folgten politischfundamentalistisch motivierte Taten. Gemeint sind der Angriff auf das keineswegs islamistische, sondern von der nationalistischen Baath-Partei geleitete Regime Saddam Husseins im Irak und die Bekämpfung der tatsächlich islamistischen Taliban in Afghanistan. Jetzt (im September 2012) rufen verschiedene fundamentalistische Protestanten zu einem auch religiös begründeten Kampf gegen das islamisch-fundamentalistische Regime im Iran auf. Diese sogenannten Evangelikalen gehören zu der zuvor bereits erwähnten „Christian Right", die sich gleichzeitig gegen alle sozial- und sexualpolitischen Reformen wendet, welche von als liberal eingeschätzten und daher erbittert bekämpften Politikern wie dem gegenwärtigen Präsidenten Obama mehr angekündigt als verwirklicht worden sind. Den USA selbst droht ein „clash of civilizations", ein Kampf zwischen Fundamentalismus und Liberalismus, der die Nation spaltet und ihre Staatsideologie gefährdet. Dennoch kann folgendes eher positive Fazit gezogen werden.

Fazit

In den USA scheint das gelungen zu sein, was sonst nirgendwo gelungen ist: die Vereinigung von Aufklärung und Christentum, von Demokratie und Religion, von Recht und Freiheit des Staates und der Staatsbürger. In den USA waren zwar Staat und Kirche getrennt, Politik und Religion aber vereint. Dies wurde mit der fundamentalistischen „civil religion"-Ideologie begründet, die gleichzeitig der Legitimation der amerikanischen „manifest destiny" diente. Mit der Berufung auf dieses fundamentalistische Sendungsbewusstsein haben die USA sowohl ihr Expansionsstreben als auch die Bekämpfung von tatsächlichen oder auch nur vermeintlichen äußeren und inneren Feinden begründet. In einigen Phasen ihrer Geschichte haben die USA eine fundamentalistische Außen- und Innenpolitik betrieben. Dennoch sind sie immer das geblieben, was sie von Anfang an waren – eine Demokratie, in der die universellen Werte von Menschenrecht und Menschenwürde geachtet und – fast immer – auch beachtet wurden. Politische und religiöse fundamentalistische Bewegungen und Strömungen, welche diese universellen Werte nicht geachtet und eine antidemokratische Politik betrieben haben, haben den demokratischen Charakter der USA niemals ernsthaft bedroht. Doch all das kann sich ändern. Die oben erwähnte „Christian Right" kann noch rechter werden, als sie es bereits ist, und den Schulterschluss mit einigen der noch bestehenden fundamentalistischen und faschistischen Bewegungen suchen und finden. In den USA kann es zu einem erneuten Rechtsruck kommen.

2. „Cruzada" Katholischer Fundamentalismus in Spanien

„Cruzada" („Kreuzzug") stand auf einem spanischen Propaganda-Poster. Es wurde 1936 gedruckt und warb für den Kampf der spanischen Putschisten gegen die legitime Regierung der spanischen Republik. Dieses politische Ziel wurde mit dem Hinweis auf den christlichen Kreuzzugsgedanken legitimiert. Dabei handelt es sich um eine christlich-fundamentalistische Ideologie, die im Unterschied zur islamisch-fundamentalistischen Dschihad-Ideologie nicht durch eine fundamentalistische Auslegung der Heiligen Schrift begründet werden kann.[35] Denn „Kreuzzüge" und sonstige angeblich „gerechte" oder gar „heilige Kriege" kennt die Bibel nicht. Im Alten und noch mehr im Neuen Testament ist weit mehr vom Frieden und seiner Bewahrung als vom Krieg die Rede. „Selig" sind nicht die Kriegerischen, „selig sind die Friedfertigen; denn sie werden Gottes Kinder heißen" ist bei Matthäus 5,10 zu lesen, und bei Matthäus 26,52 steht geschrieben, „wer das Schwert nimmt, der soll durch das Schwert umkommen".

Die von Kirchenvätern wie Augustin und von Päpsten wie Urban II. entwickelten und gepredigten falschen Lehren von „gerechten Kriegen" und „Kreuzzügen" sind von Martin Luther überwunden und von den Aufklärern als Ideologien bezeichnet und kritisiert worden. Die katholische Kirche hat sich der aufklärerischen und reformatorischen Kritik angeschlossen und sich vom Kreuzzugsgedanken distanziert. Dies aber erst nach langem Zögern und ohne ein Wort des Bedauerns für die Opfer der Kreuzzüge und sonstigen unheiligen Kriege zu finden.

In Spanien war und ist dies jedoch anders. Hier werden die spanischen Kreuzzüge immer noch verherrlicht. Dies sowohl von Repräsentanten der katholischen Kirche als auch von den meisten katholischen Historikern und Politikern. Doch nicht nur das. In Spanien wird nicht nur die katholisch-fundamentalistische Kreuzzugsideologie verteidigt, der katholische Fundamentalismus insgesamt ist hier nicht überwunden worden. Seine Geschichte soll hier kurz skizziert werden.[36] Wir beginnen mit den fundamentalistisch begründeten „heiligen Kriegen“ gegen die spanischen Muslime, die zu dem geführt haben, was in der spanischen Historiografie als Rückeroberung – „reconquista“ – bezeichnet wird.[37]

Reconquista

Die muslimischen Berber hatten zwar kurz nach ihrer Landung im Jahr 711 die christlichen Westgoten am Rio Guadalete vernichtend geschlagen und bis auf das Baskenland ganz Spanien erobert, waren aber in Asturien auf Widerstand gestoßen. Angeführt wurde er von einem westgotischen Adligen namens Pelayo, der ein muslimisches Heer im Jahr 722 besiegte und das neue christliche Königreich Asturien begründete. Zum asturischen kamen die Königreiche in Aragon, Kastilien, Navarra und Portugal. Sie drängten die Muslime weiter nach Süden zurück. Die jetzt nur noch über Andalusien herrschenden muslimischen Almoraviden wurden 1212 in der Schlacht von Las Navas de Tolosa besiegt und verloren große Teile ihres andalusischen Territoriums. Der Rest – das Emirat von Granada – wurde 1492 erobert. Damit war die Reconquista ganz Spaniens, von dem sich aber Portugal abgespalten hatte, beendet.

Der christlich-muslimische Krieg um Spanien war von beiden Seiten als heilig ausgegeben und ist von beiden Seiten mit unheiliger Grausamkeit geführt worden. Wer damit angefangen hat, ist unklar und auch unerheblich. Müßig ist auch die Beantwortung der Frage, ob der christliche „Kreuzzug“ eine Reaktion auf den islamischen „Dschihad“ war oder ob es genau umgekehrt war, nämlich ob die Muslime auf den christlichen Kreuzzugsgedanken reagiert haben, indem sie den im Koran zu findenden Begriff „Dschihad“, der an sich und wörtlich „Anstrengung“ bedeutet, als „heiligen Krieg“ interpretiert und ausgegeben haben.[38]

Wichtig und einwandfrei nachweisbar ist dagegen, dass diese „Dschihads“ und „Kreuzzüge“ nicht ständig geführt worden sind. Abgelöst und unterbrochen wurden diese vorgeblich „heiligen Kriege“ nämlich von langen Friedenszeiten. In ihnen bewahrten beide Seiten so etwas wie eine friedliche Koexistenz und ließen die jeweiligen religiösen Minderheiten in ihren Territorien in Ruhe. Dieses In-Ruhe-Lassen war jedoch sehr relativ und hatte mit Toleranz wenig zu tun. Die jeweiligen christlichen und muslimischen Herrscher haben ihre andersgläubigen Untertanen deshalb nicht vertrieben, weil sie an ihrem Geld und der Ausbeutung ihrer Arbeitskraft interessiert waren. Das war nicht tolerant, sondern sehr eigennützig. Immerhin hat es dazu geführt, dass ganz Spanien eine Zeit der kulturellen und wirtschaftlichen Blüte erlebte.

Dies gilt vor allem für den muslimischen Teil. Das muslimische Andalusien und dann vor allem das kleine Emirat von Granada waren das kulturelle und wirtschaftliche Zentrum des damaligen Europas. Beigetragen dazu hatten ihre Bewohner muslimischen, christlichen und jüdischen Glaubens, die ungeachtet ihrer religiösen Unterschiede und wechselseitigen Animositäten am kulturellen und wirtschaftlichen Aufschwung ihres Landes interessiert waren und ihn beförderten. Dies unter Verwendung und Anwendung des Wissens der Antike und des Orients, das durch die muslimischen und nicht zuletzt auch durch die jüdischen Spanier Europa bzw. dem „christlichen Abendland" vermittelt und vermacht worden ist. Darauf sollte Spanien stolz sein. Ist es aber nicht. Anstatt die spanische Toleranz zu feiern, wird der intolerante Fundamentalismus verteidigt.

Seine Geschichte ging nicht mit der Reconquista zu Ende. Auf die Rückeroberung Spaniens folgte die, „Conquista" genannte, Eroberung Mittel- und Südamerikas, der große Teile der einheimischen Bevölkerung zum Opfer fielen. Beides – die Eroberung des Landes und die Ermordung seiner Bewohner – wurde wiederum mit der fundamentalistischen Kreuzzugsideologie legitimiert. Dies ist zu verurteilen, stellt aber kein singuläres Verbrechen dar und ist auch keineswegs ein spezifisches Kennzeichen des katholischen Fundamentalismus. Schließlich sind die Eroberung Nordamerikas und die weitgehende Vernichtung seiner indianischen Ureinwohner ebenfalls mit fundamentalistischen, genauer protestantisch-fundamentalistischen Motiven begründet worden.

Spezifisch und besonders verbrecherisch war die Behandlung der muslimischen Bewohner Spaniens nach der Reconquista. Sie wurden nämlich nicht mehr von den christlichen Siegern, wie dies vorher der Fall gewesen war, toleriert, sie wurden samt und sonders vertrieben. Das gleiche Schicksal erlitten die spanischen Juden, die vorher ebenfalls sowohl in den christlichen als auch den muslimischen Staaten geduldet worden waren. Die meisten spanischen Juden flohen in das muslimische Osmanische Reich, wo sie zwar auch diskriminiert und entrechtet, aber immerhin genau so toleriert wurden wie unter der Herrschaft der muslimischen Araber in Spanien. Nur wenige der aus Spanien vertriebenen Juden wurden von einigen europäischen Ländern aufgenommen und konnten in einigen (vornehmlich protestantischen) Städten neue Gemeinden bilden. Hier verfügten die „sephardischen" (= spanischen) Juden zwar über eine etwas bessere Rechtsstellung als ihre „aschkenasischen" (= deutschen) Glaubensgenossen, verdankten dies aber mehr ihrem im Überseehandel mit den spanischen Kolonien in Amerika gewonnenen Geld als der Toleranz ihrer christlichen, wie gesagt vornehmlich protestantischen, neuen Gastländer.[39]

Inquisition

Die fehlende Toleranz im sonstigen „christlichen Abendland" ist aber nichts gegen die absolute Intoleranz im katholischen Spanien, das keine Glaubensfremden duldete. Dazu wurden neben Juden und Muslimen auch Protestanten gezählt. Auch ihnen wurde es verwehrt, sich in Spanien niederzulassen oder hier protestantische Gemeinden zu bilden. Dabei hatte sich die Reformation überhaupt nicht auf Spanien ausgewirkt, weshalb es hier auch keine Gegenreformation gab.

Völlig intolerant war die Behandlung der zum Katholizismus bekehrten Juden und Muslime. Sie standen von Anfang an unter einem Sonderrecht und wurden von einer Institution besonders überwacht, die nach ihrer dabei angewandten (Befragungs-)Methode „Inquisition" genannt wurde. Derartige, auch mit der Androhung und Anwendung von Folter durchgeführte Inquisitionen (= Befragungen) hat es zwar auch in einigen anderen katholischen und selbst protestantischen Ländern Europas gegeben. Betroffen waren hier aber ‚nur' „Ketzer" und „Hexen", das heißt Männer und Frauen, die verdächtigt wurden, sich von Gott ab- oder gar dem Teufel zugewandt zu haben.

In Spanien sind dagegen neben „Ketzern“ und (hier übrigens wenigen) „Hexen“ mit den zum Katholizismus konvertierten Juden und Muslimen ganze Bevölkerungsgruppen pauschal unter Verdacht gestellt und gegebenenfalls einer auch „peinlichen“, das heißt mit Folter verbundenen „Befragung“ unterworfen worden. Dies war nicht nur unmenschlich, sondern auch unchristlich. Nach christlicher Auffassung ist nämlich jeder, der getauft worden ist, ein Christ. Egal, welcher Religion er vorher angehört hat und zu welcher „Rasse“ er auch immer gezählt wird. Im katholischen Spanien wurden dagegen alle zum Katholizismus konvertierten Juden und Muslime wegen ihrer früheren Religion und zugleich auch wegen ihrer „Rasse“ diskriminiert und nicht selten verfolgt.

Auch dies wurde mit katholisch-fundamentalistischen Ideologien begründet, aber von kaum jemandem kritisiert. Weder von der katholischen Kirche noch vom sich herausbildenden absolutistischen Staat. Denn der verdankte seine Macht und Stärke der fundamentalistischen Kirche. Das führte wiederum dazu, dass der spanische Absolutismus einen besonderen Charakter erhielt.[40]

Fundamentalistischer Absolutismus

Der spanische Absolutismus wird in der Forschung meist als „konfessioneller“ bezeichnet und vom „höfischen“ Absolutismus in Frankreich und vom „aufgeklärten Absolutismus“ in Preußen abgegrenzt.[41] Diese auf den deutschen Nationalökonomen Wilhelm Roscher zurückgehende Einteilung des Absolutismus stimmt, was die spanische Variante angeht, nicht. Der spanische Absolutismus war nicht nur „konfessionell“, er war fundamentalistisch. Dies aus mehreren Gründen.

Einmal weil die katholische Kirche in Spanien über eine politische und ökonomische Machtstellung verfügte, die mit der in den übrigen absolutistischen Staaten Europas nicht vergleichbar war. Sie hatte sich nämlich für die weltlichen Dienste, die sie für den Staat erbracht hatte, reichlich mit weltlichen Dingen belohnen lassen und verfügte über den größten Grundbesitz und die meisten politischen Privilegien. Dies wurde von den absolutistischen Herrschern hingenommen. Sie haben zwar die Macht der weltlichen Stände gebrochen und ihnen gegenüber ihr Besteuerungsrecht durchgesetzt, mussten aber die Macht der Kirche anerkennen und auf ihre Besteuerung verzichten. Außerdem haben die absolutistischen Herrscher nicht zuletzt auf Druck der fundamentalistischen Kirche eine fundamentalistische Außen- und Innenpolitik betrieben.

Alle weiteren Kriege, die Spanien nach der Reconquista und auch noch nach der Conquista in Europa und Übersee geführt hat, waren auch, wenn nicht vornehmlich, religiös begründet. Dies gilt nicht nur für die zum Teil noch als Kreuzzüge ausgegebenen Feldzüge gegen die Osmanen, sondern auch für die Bekämpfung der protestantischen Niederlande und des anglikanischen Englands im 16. und 17. Jahrhundert.

Diese Kriege waren nicht nur nicht erfolgreich, sie hatten für Spanien selbst negative Folgen. War in ihnen doch das durch die rücksichtslose Ausbeutung der Kolonien gewonnene Geld im wörtlichen Sinne verpulvert worden. Es konnte auch nicht mehr durch die Erhöhung der Steuern ersetzt werden. Die spanischen Adligen und die wenigen spanischen Bürger waren dazu einfach nicht mehr in der Lage. Und die nach wie vor reiche und immer reicher werdende Kirche war weder dazu verpflichtet noch bereit, irgendwelche Steuern zu zahlen. Der spanische Finanzhaushalt wurde immer unausgeglichener. Der spanische Staat wurde zahlungsunfähig und musste mehrmals den Staatsbankrott anmelden. Eine Förderung der spanischen Wirtschaft fand anders als in den anderen absolutistischen Staaten nicht mehr statt. Statt zu einer „primären Akkumulation des Kapitals" durch Weiterentwicklung der einstmals blühenden Landwirtschaft und den Ausbau der inzwischen auch in Spanien errichteten Manufakturen kam es zu einer Stagnation und schließlich zur Rückkehr zu einer rückständigen Tauschwirtschaft.

Zum wirtschaftlichen Niedergang Spaniens kam die Erhöhung des politischen Drucks auf die Spanier. Dies wiederum auf Betreiben der katholischen Kirche und in enger Zusammenarbeit mit dem hier besonders willfährigen Staat. Die schon erwähnte Inquisition wurde nicht eingeschränkt, sondern ganz im Gegenteil zu einem innenpolitischen Kontrollorgan ausgebaut, das in den sonstigen absolutistischen Staaten so nicht vorhanden war und schon an die Terrororgane der späteren totalitären Staaten erinnerte bzw. diese gewissermaßen vorwegnahm.

Betroffen waren nicht mehr nur die immer noch bis in ihr Privatleben hinein kontrollierten und überwachten konvertierten Juden und Muslime, sondern alle Spanier, die verdächtigt wurden, die von Kirche und Staat verordneten politischen und religiösen Regeln verletzt oder sich Kirche und Staat widersetzt zu haben. Der fundamentalistische Absolutismus in Spanien erhielt einen terroristischen Charakter. Damit unterschied er sich wesentlich von der höfischen Variante in Frankreich und noch mehr von der aufgeklärten in Preußen, wo alle bis hinauf zum König dem Staat dienen mussten, aber jeder „nach seiner Façon selig" werden konnte.

Anders als der aufgeklärte Absolutismus in Preußen war der fundamentalistische Absolutismus in Spanien zu keiner Reform fähig und bereit. Jedenfalls zu keiner, die von den Gedanken der Aufklärung inspiriert war. Denn die wurden scharf und kompromisslos sowohl vom fundamentalistischen Staat als auch von der fundamentalistischen Kirche abgelehnt. Dies bekamen einige Könige und Staatsmänner zu spüren, die im ausgehenden 18. Jahrhundert diverse Reformvorschläge machten, die aber nicht verwirklicht werden konnten. Der ökonomische und politische Niedergang Spaniens wurde nicht aufgehalten. Es wurde immer ärmer und schwächer.

Die unverkennbare ökonomische und politische Schwäche Spaniens wurde von seinem französischen Nachbarn im Norden ausgenützt. Frankreich griff immer offener in die inneren Angelegenheiten Spaniens ein. 1793 kam es zu einer ersten Invasion französischer Truppen, die Aragon, das Baskenland und Navarra besetzten. Spanien geriet daraufhin in die völlige Abhängigkeit des revolutionären Frankreichs, von dem es gezwungen wurde, England den Krieg zu erklären. Wie nicht anders zu erwarten war, verlor Spanien diesen erzwungenen Krieg gegen England. Diese Niederlage leitete das Ende des fundamentalistisch-absolutistischen Systems in Spanien ein.

Die Spanier zwangen nämlich König Karl IV., zugunsten seines Sohnes, Ferdinand VII., auf den Thron zu verzichten. Dies wurde jedoch von Napoleon nicht akzeptiert. Stattdessen ließ er seinen Bruder Josephe zum König von Spanien krönen. Josephe trat seine Herrschaft im Jahr 1808 mit dem Bestreben an, das fundamentalistisch-absolutistische System in Spanien zu beseitigen und das Land selbst zu modernisieren. Das war gut und positiv und wäre von den

Spaniern auch als gut und positiv empfunden worden, wenn es sich bei der Herrschaft des neuen spanischen Königs nicht um eine französische Fremdherrschaft gehandelt hätte, die nur mithilfe einer französischen Besatzungsarmee aufrechterhalten werden konnte. Die Spanier erhoben sich und führten gegen die französische Besatzungsmacht einen grausamen Guerillakrieg.

Aufgerufen dazu waren sie von der katholischen Kirche, die sich trotz oder gerade wegen ihrer fundamentalistischen Ausrichtung an dem Befreiungskampf gegen die Franzosen beteiligte. Dies an führender Position und obwohl, ja gerade weil die französische Fremdherrschaft zur Befreiung von der Herrschaft der fundamentalistischen Kirche und des fundamentalistischen Staates geführt hatte. Die aufständischen Spanier kämpften also gegen ihre eigene Befreiung und für die Unabhängigkeit einer so noch gar nicht existierenden spanischen Nation.

Tatsächlich führte der erst 1813 beendete sogenannte spanische Unabhängigkeitskrieg weder zur Schaffung der spanischen Nation (die gibt es bis heute nicht bzw. sie zerfällt gerade wieder in einzelne Teil-Nationen) noch brachte er die Freiheit der Spanier. Der von Napoleon abgesetzte König Ferdinand VII. kehrte nämlich aus seinem Exil zurück und stellte das alte fundamentalistisch-absolutistische System wieder her. Das fand zwar die Zustimmung der katholischen Kirche und weiter Kreise der adligen und bäuerlichen Bevölkerung, wurde aber von den bürgerlichen Liberalen scharf abgelehnt und erbittert bekämpft.[42]

Liberalismus und Sozialismus

Die bürgerlichen Liberalen konnten sich bei ihrer Ablehnung und Bekämpfung des von Ferdinand VII. wiederhergestellten fundamentalistisch-absolutistischen Systems auf eine Verfassung berufen, die noch während der französischen Fremdherrschaft im Jahr 1812 von einem provisorischen Parlament (Cortes) in Cádiz ausgearbeitet worden war. Sie enthielt einige liberale Artikel und Bestimmungen, weshalb sie vom König und der katholischen Kirche abgelehnt und einkassiert wurde. Die spanischen Liberalen, die sich etwas anmaßend als „Progresistas“ (= die Fortschrittlichen) bezeichneten, setzten sich für die Wiedereinführung der Verfassung der Cortes von Cádiz ein. Dies wurde von den spanischen Konservativen, die sich „Moderados" (= die Gemäßigten) nannten, abgelehnt. Der Kampf der Konservativen und Liberalen für und gegen die Verfassung von 1812 prägte die spanische Innenpolitik des gesamten 19. Jahrhunderts.

Entschieden wurde er aber nicht mit politischen, sondern mit militärischen Mitteln. Die beiden großen Parteien der Progresistas und der Moderados kamen nämlich nicht durch Wahlen, sondern durch Militärputsche zur Macht. Diese Putsche wurden förmlich angekündigt, weshalb sie auch „pronunciamientos" (= Ankündigungen) genannt wurden. In politischer Hinsicht waren sie meist ergebnislos. Wurden doch die Reformen, welche die Progresistas nach einem für sie erfolgreichen Militärputsch verkündeten, nach einem Gegenputsch der Moderados wieder aufgekündigt.

Nicht alle, aber viele dieser pronunciamientos waren blutig und forderten Opfer auf beiden Seiten. Um dies zu vermeiden, schlossen die Führer der Konservativen und Liberalen Cánovas del Castillo und Mateo Sagasta im Jahr 1885 den sogenannten Pakt von Prado ab, der einen friedlichen, aber eben auch nicht mit parlamentarischen Methoden herbeigeführten Machtwechsel ermöglichte. Dabei wurde die jeweilige Regierung von der jeweiligen Opposition nach einem vorher vereinbarten Plan und durch jeweils gefälschte Wahlen abgelöst. Dies verringerte zwar die menschlichen Kosten, lähmte aber die Reformfähigkeit des spanischen Staates. Denn das, was die Liberalen reformierten, wurde von den Konservativen wieder rückgängig gemacht.

Hauptnutznießer dieses merkwürdigen politischen Spiels, das mit Parlamentarismus nicht das Geringste zu tun hatte und eher an die Echternacher Springprozession erinnerte, war die katholische Kirche. Ihr wurden die Güter und Privilegien, die ihr von den Liberalen zwischenzeitlich entzogen worden waren, von den Konservativen wieder zugesprochen. Dadurch behauptete sie ihre in Europa einzigartige ökonomische und politische Machtstellung.

Diese wurde von der sich im ausgehenden 19. Jahrhundert ausbildenden spanischen Linken infrage gestellt. Von den besonders antiklerikal eingestellten Anarchisten auch mit gewaltsamen Methoden. Bei den sich häufenden lokalen Aufständen der Anarchisten wurden nicht nur Repräsentanten des Staates und der Feudalklasse, sondern auch der Kirche angegriffen. Priester sowie Mönche und Nonnen wurden ermordet, Klöster in Brand gesetzt und Kirchen geschändet. Die durch nichts und niemanden zu rechtfertigende Gewalt der Anarchisten, von der sich die Sozialisten und dann auch die Kommunisten übrigens distanziert haben, bestärkte die Kirche in ihrer grundsätzlichen Ablehnung nicht nur des Liberalismus, sondern auch des Sozialismus.

Bei der in Spanien besonders dringlichen Lösung der sozialen Frage[43] nahm die Kirche eine völlig intransigente Haltung ein. Sozialpolitik wurde von ihr weder betrieben noch überhaupt gefordert. Damit unterschied sich die spanische wesentlich von der katholischen Kirche in anderen europäischen Ländern, wo die Brisanz der sozialen Frage durchaus erkannt wurde, weshalb sich auch kirchliche Organisationen an ihrer Lösung durch sozialreformerische Maßnahmen beteiligten. Die spanische katholische Kirche lehnte auch die staatliche Sozialpolitik entschieden ab. Begonnen hatte man damit in Spanien erst im 20. Jahrhundert. Vorreiter war General Miguel Primo de Rivera, der 1923 eine Militärdiktatur errichtete, die von der Sozialistischen Partei unterstützt wurde, aber 1930 von König Alfons XIII. mithilfe des Militärs wieder gestürzt wurde. Dies kostete Alfons XIII. den Thron. Er wurde 1931 ins Exil getrieben.

In Spanien wurde die (zweite) Republik ausgerufen.[44] Sie dauerte nur bis 1936 und war von Anfang an von politischen und sozialen Krisen geprägt. Sie konnten nicht überwunden und gelöst werden, weil sich das linke und rechte Parteilager unversöhnlich gegenüberstanden und zu keinem Kompromiss bereit waren. Wie schon im 19. Jahrhundert nahm die Kirche wiederum Partei für die Rechten. Dies auch deshalb, weil die erste aus Republikanern und Sozialisten gebildete linke Regierung der (zweiten) spanischen Republik im Jahr 1931 wiederum Reformen verkündete, die von der Kirche aus ideologischen und ökonomischen Gründen abgelehnt wurden. Zielten diese Reformen doch auf eine Trennung von Kirche und Staat und eine Verringerung des immer noch unermesslichen Grundbesitzes der Kirche ab.

Tatsächlich wurden die von der Linken verkündeten Reformen von den rechten Parteien, die sich zu einer rechten Einheitsfront zusammengeschlossen hatten und 1934 die Wahlen gewonnen hatten, wieder rückgängig gemacht. Doch zwei Jahre später, 1936, wurde die rechte „Confederación Espanola de Derechas Autónomas“ (CEDA) (= Spanische Konföderation der Autonomen Rechten) von der Linken geschlagen. Die neue Volksfrontregierung kündigte daraufhin noch radikalere Reformen an. Dazu gehörte die Verstaatlichung des gesamten Kirchenbesitzes.

Um dies zu verhindern unterstützte die Kirche die Putschisten um Franco. Sie begründete die einseitige Parteinahme für Franco mit der fundamentalistischen Kreuzzugsideologie.[45] Dies war erfolgreich. Franco verdankte seinen Sieg im spanischen Bürgerkrieg[46] auch der Unterstützung durch die spanische Kirche. Dadurch erhielt auch die von Franco begründete Diktatur einen fundamentalistischen Charakter.

Faschismus und Carlismus

Francos Diktatur, die erst 1975 gestürzt bzw. friedlich überwunden wurde, ist von Teilen der Forschung als faschistisch eingeschätzt worden.[47] Begründet wird dies meist mit dem Hinweis auf eine faschistische Partei, die in der von Franco 1937 gebildeten Einheitspartei aufging. Sie hieß „Falange Espanola Traditionalista y de las Juntas de Ofensiva Nacional Sindicalista“. Wie schon aus dem langen und komplizierten Namen hervorgeht, handelte es sich um einen Zusammenschluss von drei sehr unterschiedlichen Parteien.[48]

Einmal der „Juntas de Ofensiva Nacional Sindicalista“ von Ledesma Ramos und zum anderen der „Falange Espanola“ José Antonio Primo de Riveras. Bei ihm handelte es sich um den Sohn des Diktators Miguel Primo de Rivera. Ihm gelang es zwar, die eher links und dezidiert antiklerikal ausgerichtete Partei von Ledesma Ramos mit seiner eher rechts und tendenziell sogar fundamentalistisch ausgerichteten Falange zusammenzuschließen, doch Wahlerfolge waren dieser faschistischen Partei nicht beschieden. Sie verlor mit dem von Republikanern nach dem Ausbruch des Bürgerkrieges ermordeten José Antonio Primo de Rivera sogar ihren eigentlichen Führer. Dies nutzte Franco aus, indem er dessen Nachfolger Manuel Hedilla entmachtete, sich selbst zum Führer der Falange ernannte und sie mit einer weiteren Partei vereinigte.

Sie hieß „Comunión Tradicionalista", was man in etwa mit „traditionalistische Glaubensgemeinschaft" übersetzen kann. Schon ihr religiöser Name deutet auf ihre fundamentalistische Ausrichtung hin. Tatsächlich handelte es sich bei dieser „Glaubensgemeinschaft" um eine Art Fortsetzung der carlistischen Bewegung des 19. Jahrhunderts.[49] Entstanden war sie wegen einer dynastischen Streitfrage. Ein Bruder König Ferdinands VII. namens Carlos hatte die Ernennung von dessen Tochter Isabella (II.) zur spanischen Königin nicht anerkannt. Deshalb war es 1833 zum ersten Carlistenkrieg gekommen. In diesem sowie in zwei weiteren Carlistenkriegen ging es dann aber nicht mehr nur um dynastische Fragen. Strebten die Carlisten doch ein Spanien an, das noch reaktionärer und fundamentalistischer sein sollte, als es ohnehin schon war. Zu diesem Zweck haben sie sich für die Wiedereinführung der Inquisition und die Wiederherstellung aller mittelalterlichen Privilegien der Kirche eingesetzt. Insgesamt handelte es sich bei den Carlisten oder, wie sie auch genannt wurden, bei den Traditionalisten um eine einzigartige fundamentalistische politische Bewegung, die mit keiner anderen in Europa zu vergleichen ist.

Aus ihr war die erwähnte „Comunión Traditionalista" hervorgegangen. Sie hatte sich im 20. Jahrhundert unter Beibehaltung ihrer fundamentalistischen Ziele durch die Übernahme von einigen faschistischen Stilelementen faschisiert. Nach dem Vorbild der italienischen Kampfbünde („fasci di combattimento") und der deutschen SA wurde eine uniformierte und bewaffnete Parteiarmee aufgebaut, die „requetés" (= Rekruten) genannt wurde. Bei den aus der carlistischen Jugendorganisation hervorgegangenen requetés handelte es sich um eine gut ausgebildete und schlagkräftige Truppe, welche sich mit insgesamt 41 „tercios" (= Bataillonen) am Bürgerkrieg beteiligte und hier die militärische Macht der aufständischen Truppen Francos wesentlich ergänzte. Außerdem beteiligten sich die requetés zusammen mit der nicht so bedeutsamen Parteimiliz der Falange an dem, ebenfalls als „Kreuzzug" ausgegebenen, Terrorfeldzug gegen die Anhänger der Republik hinter der Front und in den von Truppen Francos und seiner deutschen und italienischen faschistischen Bundesgenossen eroberten Gebieten Spaniens.

Durch den erzwungenen Beitritt der fundamentalistischen „Comunión Traditionalista" zur francistischen Staatspartei erhielt diese einen deutlich erkennbaren fundamentalistischen Charakter, der jedoch einigen eher antiklerikal gesonnenen Mitgliedern der alten Falange missfiel. Diese ‚Alten Kämpfer', die in Spanien „camisas viejas" (wörtlich: Althemden) genannt wurden, konnten sich jedoch in der gesamten Partei nicht durchsetzen. Sie war zu einer fundamentalistisch-faschistischen geworden.

Die abkürzend „moviemiento" (= die Bewegung) genannte Staatspartei verlor jedoch in der Folgezeit an Macht und Einfluss. Dies zugunsten einer weiteren katholisch-fundamentalistischen Bewegung: dem heute noch in Spanien und in verschiedenen weiteren Ländern bestehenden „Opus Dei".[50]

Opus Dei

Bei diesem „Werk Gottes" handelt es sich um eine ordensähnliche, aus Priestern und Laien gebildete katholische Organisation, die 1928 von dem damals erst 26 Jahre alten Priester Josemaría Escrivá (1902–1975) gegründet wurde. Ihr ursprünglicher Zweck war ein religiöser. Sollten ihre Mitglieder doch zur Kirchentreue und einem besonders frommen Lebenswandel angehalten und erzogen werden. Doch diese sogenannte „Heiligung" des Alltagslebens wurde sehr bald mit der Gewinnung von ökonomischer und politischer Macht verbunden. Mussten die Mitglieder und sonstigen Förderer des „Werkes Gottes" doch hohe Beiträge zahlen und sonstige Spenden geben. Belohnt wurden sie dafür mit der Vergabe von Posten und Stellen im kirchlichen und staatlichen Bereich. Das Opus Dei wurde schnell reich und politisch einflussreich. Dies war Escrivá nicht nur bewusst, das hat er auch bewusst angestrebt. In seiner 1934 veröffentlichen programmatischen Schrift „Der Weg" hat er seine politischen Ziele offen verkündet und fundamentalistisch begründet.

Sie haben ihn veranlasst, nicht nur den fundamentalistischen „Kreuzzug" Francos gegen die Republik, sondern auch dessen fundamentalistisch-faschistisches Regime zu unterstützen. Dafür wurde Escrivás „Werk Gottes" mit der Vergabe von Geld und von Stellen an seine Mitglieder reichlich belohnt. Überall und auf allen Ebenen des Staatsapparates wurden Mitglieder dieser Organisation platziert. In den letzten Kabinetten Francos haben sie sogar alle Schlüsselressorts besetzt. Ob sich Escrivás „Opus Dei" darüber hinaus auch an dem Terrorfeldzug des Franco-Regimes beteiligt hat, dem noch nach Ende des Bürgerkrieges über 200.000 Spanier zum Opfer gefallen sind, ist nicht bekannt.

Transición

Bekannt und nicht abzustreiten ist hingegen, dass die spanische katholische Kirche insgesamt diesem Terrorfeldzug tatenlos zugesehen und das terroristische Franco-Regime nicht nur toleriert, sondern fast bis zum Schluss unterstützt hat. Dies ist bedenklich und bedarf der Erklärung, aber nicht der Entschuldigung. Schon die völlig einseitige Parteinahme für die spanischen Putschisten und die bedingungslose Unterstützung der faschistischen Seite im spanischen Bürgerkrieg durch die katholische Kirche war zu kritisieren und ist auch von Demokraten in aller Welt kritisiert worden. Diese Kritik verstärkte sich, als sich Franco mit Hitler und Mussolini verbündete, um dann zwar nicht formell und nur durch die Entsendung einer Division an die Ostfront auf der Seite der Achsenmächte in den Zweiten Weltkrieg einzutreten, was wiederum die Zustimmung der katholischen Kirche und des Papstes fand. Schließlich ging es wieder gegen den „gottlosen Bolschewismus". Von den demokratischen Westmächten, die sich 1941 mit eben diesem „gottlosen Bolschewismus", sprich der Sowjetunion, verbündet hatten, wurde das natürlich nicht gern gesehen, aber auch nicht offen kritisiert. Doch als es ausgerechnet der Papst für notwendig befand, das nach 1945 politisch isolierte, weil nach wie vor als faschistisch angesehene Franco-Regime diplomatisch wieder anzuerkennen und mit ihm 1953 sogar ein neues Konkordat abzuschließen, wurde dies von den demokratischen Kräften außerhalb und innerhalb Spaniens scharf verurteilt. Sie intensivierten ihren Kampf gegen das fundamentalistisch-faschistische System und ihre stärkste Stütze – die fundamentalistische katholische Kirche.[51]

Erfolgreich war dieser Kampf nicht. Jedenfalls zunächst nicht. Haben es doch die demokratischen Westmächte für notwendig befunden, das bis dahin geächtete und immer noch als faschistisch eingeschätzte Franco-Regime anzuerkennen und mit ihm politische und wirtschaftliche Beziehungen zu pflegen, die für beide Seiten, vor allem aber für die faschistische, sehr lukrativ waren. Das hat die spanische Opposition natürlich sehr enttäuscht, aber nicht daran gehindert, ihren antifaschistischen Widerstand fortzusetzen. Jetzt nicht mehr in Form eines Partisanenkampfes in den Bergen und Wäldern Spaniens, sondern durch kleine und gut getarnte Gruppen von Arbeitern und Studenten in den Städten und industriellen Zentren Spaniens. Diese „comisiones obreras" (= Arbeitergruppen) wurden von einigen Arbeiterpriestern und anderen Angehörigen des niederen Klerus unterstützt. Ihre antifaschistische Parteinahme konnte und wollte die nach wie vor fest zu Franco stehende Kirchenspitze nicht mehr verhindern. Schließlich handelte es sich bei diesen antifaschistischen Arbeiterpriestern um gute und überzeugte Katholiken.

Das traf auch auf die Angehörigen der Autonomiebewegungen in Katalonien und noch mehr im Baskenland zu. Denn auch sie waren alles Katholiken, die ihren Kampf für Autonomie und gegen Franco mit christlichen Argumenten begründeten. Selbst die von der baskischen Autonomiebewegung ETA angewandten gewaltsamen Methoden wurden zumindest von der baskischen katholischen Kirche nicht mehr öffentlich verurteilt und insgeheim sogar toleriert. Im Baskenland hatte man nämlich nicht vergessen, dass dem faschistischen Terrorfeldzug während und nach dem Bürgerkrieg keineswegs nur „gottlose Bolschewisten", sondern auch viele fromme und gottesgläubige Basken zum Opfer gefallen waren. All das führte dazu, dass die katholische Kirche insgesamt ihre bedingungslose Unterstützung des Franco-Regimes zwar nicht völlig aufgab, aber immerhin abschwächte. Zu seinem dann überraschend schnell und scheinbar problemlos kommenden Sturz hat sie aber gleichwohl nicht beigetragen.

Der entscheidende Schlag kam von der baskischen ETA. Ihr gelang nämlich 1973 ein erfolgreiches Attentat auf Francos rechte Hand und mutmaßlichen Nachfolger, Luis Carrero Blanco. Durch den, wie soll man sagen, ‚Wegfall' Carrero Blancos rückte ein Mann in das politische Zentrum, mit dem kaum jemand gerechnet hatte und den fast alle unterschätzt hatten: Juan Carlos. Der von Franco erzogene und von ihm zum Kronprätendenten ernannte spanische

Prinz erwies sich nämlich nicht als willfähriges Werkzeug Francos. Er hat unmittelbar nach seiner Krönung das Lebenswerk des 1975 gestorbenen Francos zerstört.

Dies konnte er deshalb tun, weil die spanische Armee auf ihn vereidigt wurde und weil die spanische Kirche ihm gegenüber loyal war und auch sein musste. Schließlich hatte Juan Carlos die Nachfolge der spanischen Könige angetreten, die immer von der katholischen Kirche als die „allerkatholischsten" bezeichnet worden waren und denen sie einen katholisch-fundamentalistisch begründeten Gehorsam geleistet hatten. Diesen Gehorsam war die katholische Kirche auch dem neuen König Juan Carlos schuldig. Sie hätte ihn gar nicht aufkündigen können, auch wenn sie das gewollt hätte. Tatsächlich hat sie das auch nicht getan, als Juan Carlos mit dem begann, was im Spanischen „transición" genannt wird – dem Übergang von der faschistischen Diktatur zur Demokratie. Die schrittweise Demokratisierung Spaniens ist von der Kirche sicherlich nicht begrüßt, aber auch nicht verhindert worden.

Der gerade in der Kirchenfrage äußerst geschickt taktierende Juan Carlos hat der Kirche aber auch keinen Anlass gegeben, sich wie in der Zeit der Zweiten Spanischen Republik in die Politik einzumischen. Der ökonomische Besitzstand der Kirche wurde nicht angetastet und ihre politischen Privilegien nicht eingeschränkt. Das mächtige und wie erwähnt in der Endphase des Franco-Regimes immer mächtiger gewordene Opus Dei wurde anders als die faschistische Staatspartei nicht aufgelöst und konnte seine politische Macht behalten. Im Bildungswesen konnte das Opus Dei seine bereits unter Franco errungene Position sogar noch ausbauen. Dadurch wurden Reformen in den Bereichen von Schule und Universität von Anfang an abgeblockt und verhindert. Die Kirche büßte nichts von ihrem Einfluss ein und konnte hier ihre fundamentalistischen Lehren ungehindert verkünden und verbreiten.

Insgesamt wurde der katholische Fundamentalismus auch im neuen demokratischen Spanien nicht infrage gestellt. Wenigstens zunächst nicht. Wurden doch die ersten freien Wahlen in Spanien von den Konservativen gewonnen, in deren Reihen sich neben vielen betont fundamentalistischen Katholiken auch einige Repräsentanten des alten fundamentalistisch-faschistischen Regimes befanden. Dass diese Ex-Faschisten und immer noch Fundamentalisten weder an einer Aufarbeitung der Vergangenheit noch einer Bewältigung der Gegenwart interessiert waren, verwundert daher nicht. Insgesamt wies die viel gelobte transición neben einigen Licht- auch einige Schattenseiten auf.

Zu einem wirklichen Neuanfang schien es nach dem Sieg der Sozialisten bei den Parlamentswahlen des Jahres 2004 gekommen zu sein. Erst jetzt begann man mit der Aufarbeitung der faschistischen Vergangenheit und der Überwindung ihrer Folgen.[52] Einige, aber bisher noch keineswegs alle der Verehrung Francos und der Faschisten gewidmeten Denkmäler wurden geschleift. Straßen, Dörfer und Städte, die nach dem „caudillo“ (= Führer) Franco benannt worden waren, wurden umbenannt. Schließlich und erstaunlicherweise zuletzt wurden auch die Opfer der faschistischen Diktatur geehrt. Dies durch die Errichtung von Denkmälern und die Bestattung der von den Faschisten ermordeten und achtlos verscharrten Republikaner.

Beides – die Ehrung der Opfer und die anständige Beerdigung ihrer Leichen – hätte den Beifall oder zumindest den Respekt der katholischen Kirche finden müssen. Doch das war nicht der Fall. Stattdessen wurden die während des Bürgerkrieges von den Anarchisten ermordeten katholischen Geistlichen erneut geehrt – und seliggesprochen. Letzteres von Papst Benedikt XVI. der es leider unterließ, auch die von den Faschisten ermordeten Republikaner in irgendeiner Weise zu ehren. Er hat sie noch nicht einmal erwähnt.

Kritikwürdig ist auch der zähe Kampf der katholischen Kirche gegen die von den Sozialisten in die Wege geleiteten Reformen im gesellschafts- und vor allem im sexualpolitischen Bereich. Gemeint sind die Erleichterung, ja überhaupt erst die Ermöglichung von Ehescheidungen und Abtreibungen und die faktische, aber nicht gesetzmäßig fixierte Tolerierung von gleichgeschlechtlichen Lebensgemeinschaften und einiges andere mehr, was mit den (politisch-)fundamentalistischen Prinzipien der katholischen Kirche nicht in Übereinstimmung stand.

Den von den Sozialisten nicht immer und unbedingt gewollten allgemeinen Säkularisationsprozess, den Spanien im Zuge seiner arg verspäteten Modernisierung erlebt hat, konnte die Kirche jedoch nicht aufhalten. Immer mehr Spanier und Spanierinnen haben sich von der Kirche abgewandt und sind sogar aus ihr ausgetreten – was übrigens vorher niemals möglich gewesen ist. Die katholische Kirche hat sich mit und wegen ihrer nach wie vor fundamentalistischen Einstellung und Haltung im aufgeklärten, demokratisierten Spanien isoliert. Katholischen Fundamentalismus gibt es zwar noch, seine Bedeutung ist aber schwächer geworden. Er scheint im Zuge der allgemeinen Globalisierung auch in Spanien von der Aufklärung verdrängt zu werden.

Dennoch besteht noch kein Grund zum Jubeln. Die allgemeine Globalisierung und die spanische Modernisierung werden nicht von allen begrüßt. Vor allem nicht von vielen jungen und meist gut ausgebildeten Spaniern, die ihren Job verloren haben oder erst gar keinen bekommen haben. Einige machen dafür die Ausländer und Migranten vornehmlich muslimischen Glaubens verantwortlich, die zu Sündenböcken gemacht und aus rassistischen und antiislamistischen Gründen verfolgt werden. Damit ist der ideologische Nährboden für die Entstehung und den Aufstieg neuer fundamentalistischer und faschistischer Bewegungen geschaffen. Ob sie ihn nützen und den Bestand der spanischen Demokratie erneut gefährden können, wird die Zukunft zeigen. Die Geschichte des katholischen Fundamentalismus in Spanien ist noch nicht vorbei.

Fazit

Spanien verdankt seine Existenz einer fundamentalistischen Ideologie – dem Kreuzzugsgedanken. Mit der Berufung auf ihn wurde sowohl die „reconquista" der muslimischen Territorien in Spanien als auch die „conquista" der mittel- und südamerikanischen Länder begründet. Das gesamte spanische Weltreich und das in Spanien selbst etablierte absolutistische System hatten einen fundamentalistischen Charakter. Kirche und Staat waren nicht getrennt und verfolgten gemeinsam alle tatsächlichen oder auch nur angeblichen Glaubensfremden. Nicht nur Heiden, Juden und Muslime, sondern auch zum Christentum bekehrte oder gezwungene ehemalige Juden und Muslime sowie auch Protestanten. Letztere durch eine radikal fundamentalistische Institution – die Inquisition.

Der fundamentalistische Charakter des spanischen Staates ist im 19. Jahrhundert von Liberalen und Sozialisten infrage gestellt worden. Es kam zu einem Kampf zwischen dem fundamentalistischen und dem liberalen Spanien. Im beginnenden 20. Jahrhundert schien das liberale über das fundamentalistische Spanien gesiegt zu haben. Die spanische Republik war oder wollte zumindest eine demokratische und laizistische sein.

Dies missfiel sowohl den spanischen Konservativen wie der katholischen Kirche. Daher unterstützten sie den Putsch von Teilen des spanischen Militärs gegen die legitime Regierung der spanischen Republik. Es kam zum Bürgerkrieg, in dem sich wiederum die zwei Spanien gegenüberstanden. Das fundamentalistische und konservative und das demokratische und liberale. Die Kirche rief dabei zu einem „Kreuzzug" gegen die Republik auf, was sie mit dem Hinweis auf die samt und sonders als „gottlos" und „bolschewistisch" bezeichneten und zugleich verteufelten Kommunisten und Sozialisten begründete, welche die spanische Demokratie gegen den „Faschismus" verteidigten.

Gewinner und Nutznießer dieses Kampfes war Franco, der die spanische Demokratie beseitigte und mithilfe einiger faschistischer und fundamentalistischer Bewegungen ein faschistisches Regime errichtete. Dieses hatte einen terroristischen Charakter. Dennoch wurde es von Kirche und Militär getragen und von den demokratischen Westmächten und dem Vatikan geduldet. Gestürzt wurde das faschistische Regime Francos erst 1975 – dies durch die demokratische Opposition und keineswegs durch die Kirche oder das Militär.

Kirche und Militär haben aber den schrittweisen und von einigen Rückschlägen begleiteten Übergang Spaniens zur Demokratie geduldet. Dafür sind sie von den weiteren demokratischen Regierungen Spaniens reichlich belohnt worden. Sie erhielten zur ihren bisherigen weitere politische und materielle Privilegien. Dadurch wurde der spanische Finanzhaushalt immer mehr belastet und die Stabilität der spanischen Demokratie immer mehr gefährdet. Spanien ist auch deshalb in eine neue Krise geraten. Sie kann zu einem neuen Kampf zwischen den beiden Spanien führen – dem fundamentalistischen und dem demokratischen.

3. „Orthodoxie“ Orthodoxer Fundamentalismus in Russland

„Orthodox“ bedeutet rechtgläubig. Personen und religiöse Gruppierungen, die von sich behaupten, besonders rechtgläubig zu sein, werden aber auch als fundamentalistisch eingeschätzt. Sie gibt es in allen Weltreligionen. Vor allem in jener Kirche, die sich selbst als „orthodox“ bezeichnet. Hat sie einen fundamentalistischen Charakter? Im religiösen Sinne des Wortes ohne Zweifel. Schließlich beharrt die orthodoxe Kirche auf einer fundamentalistischen Auslegung der Heiligen Schrift, ist niemals reformiert worden und hat die Gedanken der Aufklärung immer abgelehnt. Dies ist zu konstatieren, aber nicht unbedingt zu kritisieren.

Der (religiös-)orthodoxe Fundamentalismus ist wie jeder andere religiöse Fundamentalismus zu tolerieren. Problematisch wird es, wenn der religiöse zum politischen Fundamentalismus wird, indem die Religion politisiert, die Politik dagegen sakralisiert wird. Kritikwürdig und nicht zu tolerieren ist jeglicher Fundamentalismus, wenn er gegen die universalistischen Werte von Menschenrecht und Menschenwürde verstößt und wenn er eine antidemokratische Zielsetzung hat.

War und ist all das in Russland der Fall? Wie kritikwürdig war und ist der orthodoxe Fundamentalismus in Russland? Diese Fragen sollen in dem folgenden historischen Überblick beantwortet werden. Wir beginnen mit der Formierung des zaristischen Systems im alten Russland – dem Cäsaropapismus.

Cäsaropapismus

Als cäsaropapistisch werden alle Regime bezeichnet, in denen der weltliche Herrscher (Cäsar) zugleich Oberhaupt (Papst) der jeweiligen Kirche oder sonstigen Religionsgemeinschaft ist. Politik und Religion sind hier nicht voneinander getrennt, sondern miteinander verbunden. Dadurch kann die Religion politisiert, die Politik dagegen sakralisiert werden. Wir bezeichnen das als fundamentalistisch. Tatsächlich sind Fundamentalismus und Cäsaropapismus fast deckungsgleiche Begriffe. Dennoch werden sie in der Forschung voneinander unterschieden. Das ist nicht ganz unbegründet. Man kann zwar alle cäsaropapistischen Regime als fundamentalistisch, doch nicht alle fundamentalistischen als cäsaropapistisch einschätzen.

Doch diese Definitionsprobleme müssen uns hier nicht weiter interessieren. Das cäsaropapistische System im alten Russland war ohne Zweifel fundamentalistisch. Genauer gesagt orthodox-fundamentalistisch. Die russisch-orthodoxe Kirche hat nämlich entscheidend zu seiner Entstehung und Entwicklung beigetragen.[53] Begründet hat sie das mit einer fundamentalistischen Auslegung des Römerbriefes des Apostel Paulus, in dem „jedermann" aufgefordert wird, „der Obrigkeit untertan" zu sein. Jedenfalls der „Obrigkeit, die Gewalt über ihn hat" (Röm 13).

Der russischen „Obrigkeit" war die russisch-orthodoxe Kirche aber auch deshalb besonders „untertan", weil sie ihre Existenz dem russischen Staat verdankte. Genauer dem Moskauer Großfürsten Wassili II., der 1441 den letzten griechischen Metropoliten von Kiew absetzte und sieben Jahre später der Wahl eines russischen Bischofs zum „Metropoliten von Kiew und ganz Russland" zustimmte. Damit hatte sich die russische faktisch von der byzantinischen Mutterkirche losgelöst.[54]

Unabhängig war sie damit gleichwohl nicht geworden. Hatte sie sich doch sofort und fast bedingungslos den Moskauer Großfürsten unterstellt und deren Bestrebungen unterstützt, die Fremdherrschaft der Tataren abzuschütteln und ihren politischen Machtbereich auszudehnen. Die Bekämpfung der muslimischen Tataren fand natürlich den besonderen Beifall der orthodoxen Kirche. Die gegen die Tataren geführten Kriege wurden aber kaum mit religiösen Motiven begründet und nicht als heilig dargestellt. Der Kreuzzugsgedanke ist der russisch-orthodoxen Kirche immer fremd geblieben. Darin unterscheidet sie sich im positiven Sinne von der katholischen, welche den Kreuzzugsgedanken gepredigt und zu einer fundamentalistischen Ideologie gemacht hat.

Die „Sammlung der russischen Länder" genannte Expansion des russischen Staates erreichte unter Iwan III. (1462–1505) einen ersten Höhepunkt. Iwan III. nahm ihn und die im Kampf gegen die Tataren erzielten Erfolge zum Anlass, um sich zum „Selbstherrscher“ und „Zaren“ von ganz Russland zu ernennen. Dies geschah wiederum mit Zustimmung der russisch-orthodoxen Kirche, die im Zaren das sehen wollte, was der Papst für die Katholiken sein will – Stellvertreter Gottes auf Erden. Die russischen Zaren verfügten seitdem über politische und geistliche Macht.

Die weitere Ausbildung des cäsaropapistischen Systems in Russland wurde mit weiteren fundamentalistischen Ideologien begründet. Moskau wurde zum „Dritten Rom“ und zum Hort der Rechtgläubigkeit bzw. der Orthodoxie erhoben. Der Zar wurde als Beschützer aller Rechtgläubigen gefeiert. Er galt nicht nur als Herrscher „von Gottes Gnaden“, er herrschte fast wie Gott.

Die fundamentalistische Begründung seiner Herrschaft ist von dem westlich denkenden und auch von den Gedanken der Aufklärung beeinflussten Zar Peter dem Großen abgelehnt worden. Doch das hat Peter den Großen nicht daran gehindert, die ihm von der Kirche zuerkannte Macht zu nutzen und sie selbst dem Staat unterzuordnen. Zu diesem Zweck wurde das Patriarchat abgeschafft. Seine Funktion übernahm der Heilige Synod. Dabei handelte es sich um ein Gegenstück zum Oberkirchenrat im protestantischen Preußen. Es war ein vom Staat kontrolliertes Verwaltungsorgan, das der völligen Verschmelzung von Staat und Kirche diente. Kirche und Staat sind in Russland erst nach der Februarrevolution des Jahres 1917 getrennt worden.

Bis dahin hat sich die Kirche ihrer eigenen politischen Entmachtung nicht widersetzt. Dies aus sowohl religiösen als auch weltlichen Motiven. Wurde die Kirche doch für den Verlust ihrer politischen durch den Gewinn sozialer Macht entschädigt. Ihr ungeheuer großer Grundbesitz wurde nicht eingeschränkt, sondern im Gegenteil noch ausgebaut. Auf ihrem eigenen Grund und Boden konnte die Kirche zudem machen, was sie wollte. Dies bekamen vor allem die Bauern zu spüren. Sie waren genauso rechtlos und leibeigen wie die ebenfalls völlig rechtlosen und ausgebeuteten Bauern der adligen Großgrundbesitzer. Die russisch-orthodoxe Kirche war reich und mächtig geworden und weigerte sich strikt und entschieden, diese Position aufzugeben. Alle sozialen und politischen Reformen wurden von ihr abgelehnt. Sie war noch fundamentalistischer und noch reaktionärer als alle anderen – katholischen und protestantischen – Kirchen in Europa.

Anders als im übrigen Europa sind die ökonomische Macht und die fundamentalistische Einstellung der russisch-orthodoxen Kirche weder vom Staat noch von der Gesellschaft infrage gestellt worden. Dass die völlig absolut und gänzlich autoritär herrschenden Zaren die ökonomische Macht der Kirche nicht einschränkten und auch darauf verzichtet haben, wenigstens die Glaubensfreiheit ihrer Untertanen zu sichern, wie dies beim preußischen aufgeklärten Absolutismus der Fall war, ist zwar beklagenswert, aber verständlich. Doch warum hat die russische Gesellschaft alles so klaglos hingenommen?

Beim russischen Adel, der die einzige herrschende Klasse darstellte, da das Bürgertum äußerst schwach war, ja sich kaum ausgebildet hatte, waren sicherlich ökonomische und politische Gründe bzw. gemeinsame Klasseninteressen ausschlaggebend. Doch sie fehlten bei der Masse der russischen Bevölkerung – den Bauern – und auch bei der kleinen, aber immer einflussreicher werdenden Schicht der russischen Intellektuellen. Warum haben also Bauern und Intellektuelle die ökonomische und geistige Herrschaft der Kirche und das gesamte cäsaropapistische System so wenig kritisiert und so lange toleriert? Einmal und vor allem, weil Kirche und Staat ihre politische und soziale Machtstellung nutzten, um jegliche Kritik zu verbieten und jeglichen Widerstand im Keim zu ersticken. Zu diesem Zweck nutzten sie einige ebenfalls fundamentalistisch geprägte und begründete Ideologien aus. An erster Stelle den Antisemitismus.

Kirche und Antisemitismus

Die Geschichte des russischen Antisemitismus begann relativ spät.[55] Genauer gesagt im ausgehenden 18. Jahrhundert, als Russland mit der Annexion der ostpolnischen Territorien, in denen sich die Zentren des jüdischen Siedlungsgebietes befanden, zum ersten Mal über eine zahlenmäßig bedeutsame jüdische Minderheit verfügte. Die neuen jüdischen Bürger des russischen Reiches wurden ähnlich wie jene im preußischen und österreichischen Teilungsgebiet keineswegs mit offenen Armen aufgenommen, sondern diskriminiert und entrechtet. Dies in einer sich immer weiter radikalisierenden Weise.

Seit dem Beginn des 19. Jahrhunderts wurde es den russischen Juden verboten, ihre Städte zu verlassen und in die russischen Kerngebiete überzusiedeln. Stattdessen mussten sie im sogenannten Ansiedlungsrayon verbleiben, wo sich ihre politische und soziale Lage immer weiter verschlechterte und wo viele von ihnen zu Opfern von Massakern wurden, die nach dem ukrainischen Wort für „Aufruhr" und „Zerstörung" Pogrome genannt wurden.[56]

Diese zunächst nur sporadischen Verfolgungen steigerten sich, nachdem Zar Alexander II. im Jahr 1881 einem Bombenattentat zum Opfer gefallen war. Ausgeübt wurde es zwar von nichtjüdischen Terroristen, doch verantwortlich gemacht wurden „die Juden". Angehörige der zaristischen Geheimpolizei stachelten Russen und Ukrainer dazu an, über ihre jüdischen Nachbarn herzufallen.

Die Pogrome wurden mit antisemitischen Verschwörungsideologien legitimiert.[57] Dies sowohl vonseiten des Staates als auch der Kirche, die in den russischen Juden die Nachfahren der im Neuen Testament erwähnten „Christusmörder" und „Teufelskinder" sehen wollte, die sich gegen die rechtschaffenen Christen verschworen hätten.[58]

Diese diabolischen Verschwörungsideologien hatte die russisch-orthodoxe Kirche zwar keineswegs erfunden, sondern von ihrer westlichen Schwester, der katholischen Kirche übernommen. Dies jedoch zu einem Zeitpunkt, als der christliche Antijudaismus im Westen bereits von Aufklärern und einigen Angehörigen der katholischen und der evangelischen Kirchen wenn nicht überwunden, so doch zumindest infrage gestellt worden war.

Dies traf insbesondere auf die antijüdischen Ritualmordlegenden zu. Sie wurden in Russland erst oder noch Ende des 19. Jahrhunderts rezipiert. Russland wurde von einer regelrechten Ritualmord-Hysterie erfasst. Ihren Höhepunkt erreichte sie im Jahr 1911, als in Kiew ein förmlicher Ritualmordprozess gegen einen Juden namens Beilis eröffnet wurde. Beilis wurde im Laufe dieses in ganz Europa viel beachteten Prozesses zwar zwei Jahre später freigesprochen, doch dies tat der weiteren Verbreitung der Ritualmordlegenden keinen Abbruch. Die russisch-orthodoxe Kirche hielt es sogar für geboten, ein Opfer eines angeblichen Ritualmordes namens Gavriil heiligzusprechen.[59]

Die von der Kirche verbreiteten und vom Volk auch geglaubten Ritualmordlegenden verbanden sich mit chiliastischen Endzeiterwartungen, die wiederum auf dem ebenfalls antisemitisch geprägten Glauben vom Kommen des Antichristen basierten. Dies alles in einer Situation, als Russland von schweren ökonomischen und sozialen Krisen erschüttert wurde, für die wiederum „die Juden" verantwortlich gemacht wurden. Sie wurden zu Sündenböcken gemacht, aber nicht nur deshalb verfolgt. Der russische Antisemitismus hatte keinen nur funktionalistischen, sondern einen programmatischen Charakter erhalten. Er zielte auf eine Vernichtung der russischen Juden ab. Die russisch-orthodoxe Kirche hat das weder verhindert noch kritisiert. Ihr religiös begründeter Antisemitismus hat zu dieser Radikalisierung zumindest mit beigetragen. Dies wurde sowohl vom Staat als auch von großen Teilen der Gesellschaft zustimmend zur Kenntnis genommen. Gewissermaßen im Gegenzug stimmte die russisch-orthodoxe Kirche dem russischen Nationalismus zu.

Kirche und Nationalismus

Dies wirkt verwunderlich, ist es aber nicht. Schließlich war die russisch-orthodoxe Kirche die erste Nationalkirche, die Staat und Nation treu ergeben war und beide verherrlicht hat. Der russische Zar und das russische Volk wurden wegen ihrer Rechtgläubigkeit und der Verteidigung ihrer Rechtgläubigkeit sowohl gegenüber den muslimischen Tataren als auch den katholischen Polen und dem ebenfalls katholischen und dem Papst unterstehenden Deutschen Orden gefeiert.

Beweis und Beispiel für die Parteinahme der Kirche für die russische nationale Sache ist die Heiligsprechung des ersten russischen Nationalhelden. Gemeint ist der Großfürst von Novgorod Alexander (1220–1263), der das einzige russische Territorium regierte, das nicht unter die Herrschaft der Mongolen gefallen war. 1240 konnte er es gegen den Ansturm der Schweden verteidigen, die in der

Schlacht an der Newa geschlagen wurden. Wegen dieses Sieges erhielt Alexander den ehrenvollen Beinamen „Newski". Zwei Jahre später, 1242, gewann er auch noch die Schlacht auf dem Peipussee gegen ein Heer des Deutschen Ordens. Damit wurde die vom Papst angestrebte Vereinigung der orthodoxen mit der katholischen Kirche verhindert. So jedenfalls haben es später russische (und sowjetische) Historiker sehen wollen.[60]

Diese etwas präsentistische[61] nationale Deutung findet sich auch noch in dem berühmten „Alexander Newski"-Film Sergej Eisensteins. Er wurde im Jahr 1938 gedreht. In einer Zeit, als Stalin mindestens so mächtig geworden war wie sein großes historisches Vorbild Zar Iwan IV., in dessen Regierungszeit Alexander Newski heiliggesprochen worden war. Diesem Zaren, der den Beinamen „Grosny" führte, was fälschlich mit „der Schreckliche" übersetzt worden ist, eiferte Stalin nicht nur im Bereich seiner in der Tat schrecklichen, weil terroristischen Innenpolitik, sondern auch seiner Außenpolitik nach. Sie war wie die Iwans IV. gegen den Westen gerichtet und wurde ebenfalls mit russisch-nationalistischen Ideologien und Mythen begründet. Darunter auch die um und über Alexander Newski. Der von Lenin abgeschaffte Alexander-Newski-Orden wurde von Stalin während des „Großen Vaterländischen Krieges" wieder eingeführt. Ein keineswegs unwichtiges Detail, das die allgemeine Aufwertung des russischen Nationalismus durch Stalin unterstreicht. Darauf wird noch einzugehen sein.

Im 19. Jahrhundert kam es zu einer Aufspaltung des russischen Nationalismus in einen progressiven und einen reaktionären Flügel.[62] Der progressive wurde von den sogenannten Westlern repräsentiert, die von den Gedanken der Französischen Revolution beeinflusst waren und aus dem zutiefst reaktionären zaristischen einen modernen säkularen und demokratischen Nationalstaat machen wollten. Das wurde von den sogenannten Slawophilen energisch abgelehnt, die den russischen Sonderweg fortsetzen wollten, weil er als gut, richtig und gottgewollt angesehen wurde. Dabei sollten weder das autoritäre politische System noch die feudale Gesellschaftsordnung reformiert oder gar völlig abgeschafft werden.[63] Die Stellung und Macht der russisch-orthodoxen Kirche sollte überhaupt nicht angetastet werden. Galt die orthodoxe Kirche doch als die Hüterin und Bewahrerin der russischen Tradition und der

„russischen Seele". Dies gefiel natürlich der russisch-orthodoxen Kirche, weshalb ihre Parteinahme für den reaktionären Nationalismus der Slawophilen verständlich ist.[64]

Kirche und Faschismus

Nicht verständlich und scharf zu kritisieren war dagegen die Parteinahme der Kirche für einige politische Bewegungen, die als Reaktion auf die Revolution von 1905 entstanden. Sie hatten einen politisch-fundamentalistischen Charakter. Von einigen Historikern werden sie aber wegen ihrer antidemokratischen, antisemitischen und radikal nationalistischen ideologischen Zielsetzung als faschistisch oder präfaschistisch eingestuft.[65]

Von den Zeitgenossen sind sie als „Schwarzhunderter" bezeichnet worden. Warum, ist nicht klar. Einige Historiker meinen, wegen der schwarzen Uniform ihrer Parteimilizen. Andere verweisen dagegen auf die ebenfalls schwarz gekleideten Personen, die dem russischen Adel und der russischen Kirche dienen mussten. Tatsächlich dienten die Schwarzhunderter der Kirche insofern, als dass sie es waren, die den von der Kirche gepredigten Antisemitismus gewissermaßen exekutierten. Denn die Schwarzhunderter waren für die bereits erwähnten Pogrome verantwortlich. Doch ob sie die russischen Juden ausschließlich deshalb ermordet haben, weil sie dazu von der Kirche angestiftet worden sind, ist zweifelhaft. Möglicherweise haben sie ihre schändlichen Taten im Auftrag der russischen Geheimpolizei Ochrana oder aus eigenem antisemitischen Antrieb verübt.

Für die Sozialdemokratische Partei Russlands, in der sich die von Lenin angeführte bolschewistische Fraktion durchsetzte, war die Sache jedoch klar: Die antisemitischen und antirevolutionären Schwarzhunderter handelten nicht nur im Auftrag des Staates, sondern auch der antisemitisch und antirevolutionär eingestellten russisch-orthodoxen Kirche. Die gesamte russische Linke und keineswegs nur Lenins Bolschewisten fühlte sich dadurch in ihrer antiklerikalen Einstellung bestätigt. Dies bekam die Kirche zu spüren. Sie wurde nach der Februarrevolution politisch und nach der Oktoberrevolution auch noch ökonomisch entmachtet und zunehmend verfolgt. Begründet wurde das mit dem Hinweis auf die Verbrechen, welche die Schwarzhunderter im Auftrag und im Bündnis mit der russisch-orthodoxen Kirche während des Bürgerkrieges sowohl an Bolschewisten als auch Juden begangen haben. Das war nicht völlig falsch, aber eben auch nicht ganz richtig. Auf jeden Fall können die an der gesamten russisch-orthodoxen Kirche begangenen Verbrechen nicht mit denen der faschistischen Schwarzhunderter aufgerechnet oder gar legitimiert werden. Die oder Teile der russisch-orthodoxen Kirche mag mit dem (russischen) Faschismus sympathisiert und ihn unterstützt haben – sie war aber kein faschistischer Täter, sondern Opfer des russischen Kommunismus.

Kirche und Kommunismus

Da die russisch-orthodoxe Kirche zum Opfer des Kommunismus bzw. Bolschewismus gemacht wurde, war sie natürlich zutiefst antikommunistisch bzw. antibolschewistisch eingestellt. Ihr Antikommunismus war zudem auch religiös begründet. Sie war aber weder bereit noch in der Lage, einen fundamentalistisch begründeten Widerstand gegen das kommunistische Regime zu führen.

Das hätte sie aber nach dem deutschen Überfall auf die Sowjetunion tun können. Dazu aufgerufen und in die Lage versetzt wurde die russisch-orthodoxe Kirche von den faschistischen Aggressoren. Dem hat sich jedoch die gesamte Kirche verweigert. Sie war zur Kollaboration nicht bereit. Nur wenige ihrer Mitglieder haben sich aus religiösen und antikommunistischen Gründen den russischen Freiwilligenverbänden angeschlossen, die unter Anleitung und in den Reihen der deutschen Wehrmacht das Regime Stalins bekämpften, das von der faschistischen Propaganda nicht nur als „bolschewistisch" und „jüdisch", sondern auch als „gottlos" bezeichnet wurde.[66]

Stalin hat dies durchaus erkannt und anerkannt. Die russisch-orthodoxe Kirche wurde für ihre uneingeschränkte Solidarität mit dem angegriffenen russischen Vaterland und ihren Einsatz im „Großen Vaterländischen Krieg" gewissermaßen belohnt. Verschiedene bereits geschlossene (und geschändete) Kirchen wurden wieder eröffnet. Stalin gestattete der Kirche auch, wieder einen Patriarchen zu wählen. Dies wurde am 4. September 1943 in einer geheimen Konferenz mit einigen Bischöfen vereinbart.

Mit religiöser Toleranz hatte aber all das nichts zu tun. Denn die war Stalin völlig fremd. Man kann auch nicht von einem Ende der Kirchenverfolgung reden. Sie wurde aber etwas eingeschränkt und ist auch nach dem siegreichen Ende des „Großen Vaterländischen Krieges“ nicht wieder radikalisiert worden. Dabei ist es nach Stalins Tod geblieben. Auch unter seinen Nachfolgern von Chrustschow bis Gorbatschow blieb die russisch-orthodoxe Kirche bestehen. Sie fristete aber ein allenfalls geduldetes Nischendasein. Volkskirche war sie zweifellos nicht.

Das hat sich nach dem ebenso unerwarteten wie ruhmlosen Untergang der Sowjetunion geändert. Die russisch-orthodoxe Kirche ist auf dem besten Wege, wieder zu einer allseits geachteten und unterstützten Volkskirche zu werden. Handelt es sich hier um eine demokratisierte Kirche in einem demokratisierten Staat?[67]

Kirche und Demokratie

Letzteres schon deshalb nicht, weil das heutige politische System in Russland wohl kaum als demokratisch zu charakterisieren ist. Jedenfalls nicht im eigentlichen Sinne des Wortes. Im heutigen Russland herrscht nicht das Volk, sondern sein zwar gewählter, aber dennoch ziemlich unumschränkt herrschender Führer. Bis vor Kurzem war dies und ist es jetzt wieder Wladimir Putin. Putin ist mit Sicherheit nicht das, was der vormalige Bundeskanzler Gerhard Schröder in ihm sehen wollte – ein „lupenreiner Demokrat“. Nein, Putin ist ein autokratischer Herrscher, russischer Nationalist – und bekennendes Mitglied der russisch-orthodoxen Kirche.

All das findet den Beifall der russisch-orthodoxen Kirche – zumindest ihrer Führung. Sie unterstützt Putin und distanziert sich von der demokratischen Opposition. Damit setzt sie die Politik fort, die sie schon in der Endphase des sowjetischen Regimes betrieben hat. An dessen Bekämpfung hat sie sich nämlich in keiner Weise beteiligt und ihm stattdessen bis fast zum Schluss die Treue gehalten. Daher hat sie eigentlich die Privilegien nicht verdient, die sie im heutigen russischen Staat genießt.

Dabei handelt es sich vor allem um ökonomische Privilegien. Die russisch-orthodoxe Kirche hat den größten Teil ihres von den Bolschewisten enteigneten Eigentums zurückerhalten. Außerdem darf sie sich an der russischen Wirtschaft beteiligen. Dies wird vom Staat sogar unterstützt. So wurde, um nur ein Beispiel zu nennen, der Kirche das Recht zuerkannt, Zigaretten zollfrei einzuführen, um sie dann mit nicht unerheblichem Gewinn weiterzuverkaufen. (Das brachte dem mit diesem Zigarettenschmuggel und -handel beauftragten Metropoliten von Smolensk und Kaliningrad den Spottnamen eines „Tabak-Metropoliten" ein.)

Gestärkt wurde nicht nur die wirtschaftliche Macht der russisch-orthodoxen Kirche in der Gesellschaft, sondern auch ihr ideologischer Einfluss auf die Gesellschaft. Dies durch die Wiedereinführung des Religionsunterrichts in staatlichen Schulen, der von Religionslehrern gegeben wird, die wie die Priester in kirchlichen Seminaren und orthodoxen Universitäten ausgebildet werden. Bezahlt wird das alles vom Staat.

Die russisch-orthodoxe Kirche ist oder scheint zumindest das zu werden, was sie vor der bolschewistischen Revolution war: eine ökonomisch und politisch mächtige und ideologisch einflussreiche Staatskirche. Ihre politische Macht und ihren ideologischen Einfluss nützt sie aber keineswegs immer im demokratischen, sondern im fundamentalistischen Sinne aus. Reformen im bildungs- und vor allem sexualpolitischen Bereich werden von ihr abgelehnt und abgeblockt. Abtreibungen gelten als Verbrechen und Homosexuelle werden als Sünder gebrandmarkt und öffentlich angegriffen.

Besonders kritikwürdig ist die Einstellung der russisch-orthodoxen Kirche zur Frauenfrage. Sie scheint für die russisch-orthodoxe Kirche immer noch in erster Linie eine Frage zu sein – wird die Gleichwertigkeit der Frauen von ihr doch noch immer nicht akzeptiert. Das bekam die damalige Vorsitzende des Rates der evangelischen Kirche in Deutschland Margot Käßmann zu spüren. Vertreter der russisch-orthodoxen Kirche weigerten sich, mit ihr überhaupt zu sprechen. Dies nur, weil Frau Käßmann das ist, was sie nach fundamentalistischer Auffassung nicht sein darf, eine Pastorin und Bischöfin. Das wirkt nicht nur wie, das ist religiös motivierter Antifeminismus.

Auch ihren religiös motivierten Antisemitismus scheint die russisch-orthodoxe Kirche noch nicht überwunden zu haben. Wird doch immer wieder von antisemitischen Ausfällen von einigen Würdenträgern der Kirche berichtet. Auch das ist zu kritisieren.

Zu verurteilen ist, dass sich die russisch-orthodoxe Kirche bisher nicht dazu bereit erklärt hat, die universellen Menschenrechte anzuerkennen. Im Jahr 2008 veröffentliche sie eine „Erklärung der Menschenrechte“, in der die universelle Gültigkeit der Menschenrechte ausdrücklich bezweifelt wurde.[68] Die Menschenrechte würden und könnten nicht über denen des „Vaterlandes“ stehen, hieß es hier. Ein Jahr zuvor, im Oktober 2007, hielt es der damalige Patriarch Alexej II. in einer Rede vor dem Straßburger Europarat für angebracht, die Menschenrechte für die allgemeine „Zerstörung moralischer Normen“ verantwortlich zu machen.[69] Mit dieser „Zerstörung moralischer Normen“ war die Tolerierung der Homosexualität gemeint. Sie ist für den russischen Patriarchen nicht nur eine Sünde, er bezeichnete sie als eine Krankheit und verglich sie mit der Kleptomanie. Dies war kein einmaliger Ausrutscher, der übrigens durch einige Paraden von Homosexuellen provoziert wurde, über die sich Alexej II. furchtbar aufgeregt hatte, verschiedene andere Repräsentanten der russisch-orthodoxen Kirche haben wie erwähnt aus ihrer radikalen Ablehnung der Menschenrechte keinen Hehl gemacht.

Zur Ablehnung der (west-)europäischen Aufklärung kommt die Verherrlichung des autoritären zaristischen Systems in Russland. Verherrlichung ist wörtlich gemeint. Sollten doch der letzte Zar und seine gesamte Familie heiliggesprochen werden. Sie wurden von den Bolschewisten ermordet, was natürlich verbrecherisch war, aber dennoch kein Grund ist, den Zaren für völlig schuldlos zu halten und aus ihm einen Heiligen und Märtyrer des Christentums zu machen. Das wurde auch von Teilen der russischen Öffentlichkeit so gesehen und entsprechend kritisiert. Daher sah sich die Kirche gezwungen, diese fundamentalistische Geschichtspolitik einzustellen – jedenfalls vorerst.

Fortgeführt hat sie aber ihre fundamentalistische Gegenwartspolitik. Dies geschieht in enger Zusammenarbeit mit einigen fundamentalistischen und faschistischen Bewegungen.

Zu nennen sind die „Radonesch-Bruderschaft", die „Bruderschaft des Heiligen Josef von Volotsk" und die „Union der orthodoxen Bannerträger". Angehörige dieser fundamentalistischen Organisationen haben sich an den sich häufenden rassistischen Demonstrationen und auch an Übergriffen gegen Ausländer beteiligt.[70]

Den besonderen Zorn der „orthodoxen Bannerträger" hat übrigens wieder eine Frau erregt. Zwar keine Bischöfin wie Margot Käßmann, sondern eine Pop-Diva, die sich Madonna nennt. Ein Plakat, das für ein Konzert der Diva warb, wurde im September 2006 auf dem Moskauer Puschkin-Platz von orthodoxen Bannerträgern, die sich in schwarze und mit Totenköpfen verzierte Uniformen gekleidet hatten, mit Holzspießen durchbohrt.[71] Beobachter fühlten sich durch dieses höchst merkwürdige Ritual an die Bekämpfung von Vampiren erinnert. Beabsichtigt war aber wohl eher die symbolische Tötung einer Hexe.[72]

Man könnte dieses fundamentalistische Happening noch als unfreiwillig komisch abtun. Harmlos und bedeutungslos war es aber zweifellos nicht. Außerdem war es kein Einzelfall. Die orthodoxen Bannerträger und weitere Mitglieder der genannten fundamentalistischen Bewegungen sind immer wieder durch Demonstrationen aufgefallen, auf denen sie ihre fundamentalistische und zumindest profaschistische Gesinnung zum Ausdruck gebracht haben. Dies häufig zusammen mit anderen politischen Bewegungen, die sich meist auf die Schwarzhunderter berufen, weshalb sie ebenfalls als faschistisch bzw. neofaschistisch einzustufen sind.[73]

Die erste und wichtigste der neuen faschistischen Bewegungen in Russland nannte sich „Pamjat", was wörtlich übersetzt Gedächtnis bedeutet. Pamjat ist aus einem Kulturklub hervorgegangen, der schon in den 1980er-Jahren von dem Schauspieler und Fotografen Dmitri Wassiljew gegründet worden war. Pamjat war eine schon grotesk zu nennende Kopie der Schwarzhunderter. Dies gilt einmal für das in schwarze Uniformen gekleidete Auftreten seiner Mitglieder und zum anderen für ihre radikal antisemitische Ideologie, die mit Hinweisen auf die – für echt gehaltenen – „Protokolle der Weisen von Zion" begründet wurde. Außerdem hat sich ihr selbst ernannter „Führer" Wassilew auch mehrmals positiv über Hitler geäußert. In der Sowjetunion, wo Hitler das absolut Böse verkörperte und der Faschismus mit dem Nationalsozialismus geradezu identifiziert wurde, kam dies einem unerhörten Tabubruch gleich. Hinzu kam die persönliche Unfähigkeit Wassilews, der wirklich nichts Charismatisches an sich hatte und daher bei seinen eigenen Anhängern umstritten war. Pamjat zerfiel schon zu Beginn der 1990er-Jahre in verschiedene Fraktionen und ist heute kaum mehr anzutreffen.

Dies trifft auch auf eine andere ebenfalls eindeutig als faschistisch einzustufende Partei zu, die von Alexander Barkaschow gegründet wurde und sich „Russische Nationale Einheit“ nannte. In den 1990er-Jahren stand sie im Mittelpunkt der Berichterstattung der russischen und auch ausländischen Medien. Traten ihre Mitglieder doch in der Öffentlichkeit in schwarzen Uniformen unter einem nur leicht modifizierten Hakenkreuz auf, wobei – als Gipfel der offensichtlich auch angestrebten Provokation – noch der Hitler-Gruß gezeigt wurde. Dennoch oder deshalb übte diese faschistische Partei wie alle ihre Vorgängerinnen einen unbezweifelbaren Einfluss auf vor allem junge Männer aus, die in eigenen paramilitärischen Camps auf ihre Aufgabe vorbereitet wurden, das „internationale Judentum“ sowie Angehörige der russischen Minderheiten im Allgemeinen, jene aus dem Kaukasus im Besonderen, zu bekämpfen. Doch weitere politische Erfolge, vor allem Wahlerfolge waren der Partei von Alexander Barkaschow nicht beschieden, weshalb sie mehr und mehr an den Rand gedrängt wurde und heute bis auf einige den westlichen Skinheads ähnliche Gruppierungen nicht mehr existiert.

Die „Liberaldemokratische Partei“ Wladimir Schirinowskis ist dagegen nach wie vor im Parlament vertreten. Sie hat zuvor einen geradezu kometenhaften Aufstieg erlebt, der sie fast zur Macht gebracht hat. Dies verdankte sie einmal der wirtschaftlichen und politischen Schwäche, die das postkommunistische Russland zunächst auszeichnete, weshalb es nicht selten mit Deutschland zur Zeit der Weimarer Republik verglichen wurde. Hinzu kam die Medienpräsenz ihres Führers Schirinowski, der diese faschistische Partei nicht nur gegründet, sondern auch ihr Erscheinungsbild und ihre Ideologie geprägt und geschaffen hat.

Sie war und ist extrem nationalistisch und expansionistisch. Hat Schirinowski doch die „Wiedervereinigung“ der baltischen Republiken mit Russland gefordert. Das Hauptexpansionsziel liegt jedoch im Süden und Südosten. Neben den „abtrünnigen“ Ländern im asiatischen Teil der früheren Sowjetunion sollten Afghanistan, der Iran sowie die Türkei (welche der gelernte Turkologe Schirinowski geradezu hasst) wieder oder neu erobert werden. Dies hat Schirinowski in seinem Hauptwerk „Der letzte Sprung nach Süden“ mit geopolitischen Erwägungen, aber nicht so sehr mit fundamentalistischen Ideologien begründet.

Bei Alexander Dugin ist das anders. Er hat unter Anleihe an die Gedanken der deutschen konservativen Revolution eine Art Modernisierung des antiwestlich orientierten russischen Nationalismus vorgenommen, die auf den Beifall großer Kreise der russisch-orthodoxen Kirche gestoßen ist. Seiner „Eurasien“ genannten Splitterpartei ist dagegen bisher kein Erfolg beschieden. Doch das kann sich sehr schnell ändern.

Besorgniserregend sind auch die vielen gewaltsamen Übergriffe auf Angehörige der Minderheiten in Russland. Denn diese finden in weiten Kreisen der russischen Bevölkerung Zustimmung. Vor allem wenn sie sich gegen Juden und Angehörige der muslimischen Kaukasusvölker richten. Beides scheint die zumindest stillschweigende Billigung der russisch-orthodoxen Kirche zu finden. Einige ihrer Priester haben sich an einigen dieser rassistisch und religiös motivierten Gewalttaten sogar beteiligt. Dies übrigens im vollen priesterlichen Ornat. Ein erschreckender, aber in Russland nicht völlig neuer Anblick. Derartiges hat es bereits im 19. Jahrhundert bei den antijüdischen Pogromen gegeben. Deutet sich hier eine Art Rückfall in scheinbar längst vergangene Zeiten an? Welches Fazit ist aus diesem Überblick über die Geschichte und Gegenwart des orthodoxen Fundamentalismus in Russland zu ziehen?

Fazit

Die russisch-orthodoxe Kirche war und ist fundamentalistisch im religiösen und politischen Sinne. Sie hat die Gültigkeit der universalistischen Werte von Menschenrecht und Menschenwürde bestritten und tut dies immer noch. Von ihrer in der Vergangenheit betriebenen antidemokratischen Politik hat sie sich nicht distanziert. Gemeint sind die uneingeschränkte Unterstützung des cäsaropapistischen Systems im alten Russland und ihre Beteiligung an der überwiegend religiös motivierten Diskriminierung und Verfolgung der russischen Juden durch Organe des fundamentalistischen Staates und einiger fundamentalistischer Parteien. All das darf nicht mit dem Hinweis auf die grausame Verfolgung entschuldigt werden, der die russisch-orthodoxe Kirche durch das auf den Zarismus folgende kommunistische System ausgesetzt gewesen ist. An dessen Sturz und dem nachfolgenden Versuch, es durch ein demokratisches zu ersetzen, hat sie sich kaum beteiligt. Stattdessen lehnt sie die Demokratie ab und duldet ihre Bekämpfung durch alte und neue fundamentalistische und faschistische Bewegungen.

4. „Dschihad“ Islamischer Fundamentalismus im Nahen und Mittleren Osten

„Dschihad“ bedeutet „Anstrengung, Streben“ und nicht „heiliger Krieg“. Dennoch kann man den im Koran häufig erwähnten Begriff so auslegen. Unter „Dschihad“ wird dann nicht nur das individuelle Streben nach einem guten, frommen und Gott wohlgefälligen Lebenswandel, sondern der kämpferische Einsatz gegen innere und äußere Feinde des Islam verstanden. Zu ihnen können sowohl Angehörige polytheistischer als auch monotheistischer Religionen gerechnet werden. Also auch Christen und Juden. Gegen sie kann ein religiös motivierter Krieg geführt werden. Geschieht dies, wird die islamische Religion politisiert, die Politik islamischer Parteien und Staaten dagegen sakralisiert. Dann wird der Islam[74] zur fundamentalistischen Ideologie. Sie wird heute Islamismus genannt.[75]

Islam und Islamismus

Islam und Islamismus sind nicht identisch.[76] Beim Islam handelt es sich um eine Religion, beim Islamismus dagegen um eine Ideologie. Diese kann aber mit dem Islam begründet werden. Warum? Weil das heilige Buch des Islam fundamentalistisch verstanden wird und verstanden werden muss. Der Koran wird und muss so gelesen und ausgelegt werden, wie er im arabischen Urtext vorliegt. Von ihm gibt es anders als bei der Bibel keine Übersetzung.[77] Jedenfalls keine anerkannte und keine historisch-kritische Ausgabe. Die einzige Exegese (= Auslegungslehre) ist das sogenannte Nashk-Prinzip, wonach (historisch) neuere Suren einen größeren Stellenwert haben sollen als ältere. Doch auch diese Auslegungslehre wird keineswegs von allen anerkannt. Eine kritische und mit der biblischen zu vergleichende Koranwissenschaft fehlt ebenso wie eine zentrale Instanz, die wie der Papst bei den Katholiken vorschreibt, wie der Koran auszulegen ist.

Keine der verschiedenen islamischen Glaubensrichtungen hat zudem etwas erlebt, das man mit der Reformation vergleichen könnte. Alle sind von den Gedanken der (europäischen) Aufklärung nicht oder kaum beeinflusst worden und haben sie mehr oder minder strikt und entschieden abgelehnt. Dies gilt sowohl für die Sunniten und Schiiten wie für die liberaleren Alewiten und Ismaeliten. Alle sind fundamentalistisch im religiösen Sinne. Das ist zu tolerieren. Problematisch und gefährlich wird es, wenn einige religiöse Dogmen zu Ideologien gemacht werden. Dann wird der Islam zum Islamismus. Welche Ideologien sind gemeint?

Neben der schon erwähnten Dschihad-Ideologie[78] der islamistische Antisemitismus, der ebenfalls mit einer fundamentalistischen Auslegung des Korans begründet werden kann.[79] Tatsächlich kann man im Koran einige judenfeindliche Aussagen finden. Sie werden über die Juden gemacht, mit denen sich Mohammed auseinandergesetzt hat. Dabei soll es, aus welchen Gründen wird nicht ganz ersichtlich, zur Verfolgung und Ermordung einiger Juden – sie werden im Koran als Angehörige einiger jüdischer Stämme bezeichnet – gekommen sein. Doch das wird nicht zum Anlass genommen, um den Juden generell Tod und Verdammnis anzukündigen, wie dies in der biblischen Passionsgeschichte geschieht. Sie – die Passionsgeschichte Jesu – wird im Koran zwar erwähnt, aber umgedeutet: Jesus soll weder ermordet worden noch auferstanden sein. Folglich fehlt der Vorwurf, die Juden hätten sich gegen Jesus verschworen und seien für seinen Tod verantwortlich. Da Jesus nur als ein Prophet unter anderen und keinesfalls als Sohn Gottes angesehen wird, können die Juden auch keinen Gottesmord begangen haben und werden nicht beschuldigt, „Kinder des Teufels“ (Joh 8,44) zu sein.

Da der Koran längst nicht so judenfeindlich ist wie das Neue Testament, ist die islamische Judenfeindschaft kaum mit dem christlichen Antijudaismus zu vergleichen. Sie hatte auch weit geringere Folgen. Die Juden sind nämlich sowohl im arabischen wie im osmanischen Großreich nicht so verfolgt worden, wie dies in allen christlichen Königreichen der Fall war. Pogrome hat es nur im christlichen Abendland und nicht im muslimischen Morgenland gegeben. Dies heißt natürlich nicht, dass die Juden toleriert und immer gut behandelt worden sind. Sie wurden allenfalls geduldet. Dies aus finanziellen und ökonomischen Gründen, weil sie hohe

Sondersteuern zahlen mussten, und wegen ihres Beitrags zum Wirtschaftsleben der islamischen Reiche. Ansonsten unterstanden sie einem Sonderrecht, durch das sie in ihrem Berufs- und Alltagsleben diskriminiert wurden. Dies war judenfeindlich, aber noch nicht antisemitisch. Der heute von einigen Islamisten vertretene und praktizierte Antisemitismus ist ein Importprodukt des christlichen Abendlands, das aber mit einigen als islamisch ausgegebenen Elementen vermischt wird. Darauf wird noch einzugehen sein.

Die dritte islamistische Ideologie ist die „Scharia". Dabei handelt es sich um ein Rechtssystem, das alle Bereiche der muslimischen Gesellschaften bis in die privatesten Sphären hinein regelt, das politische, rechtliche und sexuelle Verhalten seiner Mitglieder vorschreibt und die Verhängung der härtesten und mit brutalsten Methoden ausgeführten Strafen vorsieht, wenn Bestimmungen der Scharia verletzt werden. Betroffen sind nicht nur, aber vor allem Frauen, die als minderwertig gelten und daher anders und schlechter behandelt werden als Männer.[80] Das war zwar in den christlichen Religionsgemeinschaften nicht viel anders, wurde hier aber kritisiert und – weitgehend – überwunden. Daher ist Ähnliches auch von den islamischen Glaubensgemeinschaften zu fordern. Das gesamte Scharia-System steht in einem unverkennbaren Widerspruch zu nahezu allen Vorstellungen von Menschenrecht und Menschenwürde. Diese sind zwar erst durch die europäische Aufklärung entwickelt worden, haben aber gleichwohl keinen nur europäisch-kulturalistischen, sondern einen universalistischen Charakter erhalten. Daher ist die Scharia-Ideologie zu kritisieren. Ihre Anwendung und Verwirklichung ist nicht zu tolerieren.[81]

So viel zur Definition und Differenzierung von Islam und Islamismus. Wie ist sie anzuwenden? Welche islamischen Bewegungen und Regime waren und sind als islamistisch einzuschätzen?

Kalifen und Assassinen

Zunächst und vor allem das von Mohammed und seinen Nachfolgern (= Kalifen) errichtete arabische Großreich. Es hatte ohne Zweifel einen fundamentalistischen Charakter.[82] Religion und Politik waren nicht voneinander getrennt. Die Kalifen waren wie der

Religionsstifter Mohammed die alleinigen Inhaber der politischen und religiösen Macht. Im Inneren herrschte die Scharia und nach außen wurden religiös motivierte Kriege geführt.

Zweifelhaft ist aber, ob die Muslime mit diesen heiligen Kriegen begonnen haben. In Spanien und im Heiligen Land waren die islamischen Dschihad-Kriege eine Antwort auf die christlichen Kreuzzüge. Unzweifelhaft ist, dass die religiösen Minderheiten im arabischen Großreich besser behandelt wurden als in den christlichen Staaten.

Doch dies sah das christliche Abendland anders. Das arabische Großreich wurde als eine Bedrohung wahrgenommen. Das war nicht unbegründet. Schließlich hatten die arabischen Heere ganz Spanien erobert und waren bis nach Frankreich vorgedrungen. Doch hier wurden sie im Jahr 732 von den christlichen Franken geschlagen. Damit war die arabisch-islamische Expansion ins christliche Abendland gestoppt. Die europäischen Christen gingen zum Gegenangriff über. Zunächst in Spanien, das von der arabisch-islamischen Herrschaft befreit wurde, und dann auch im Heiligen Land, das von den Heeren der Kreuzfahrer erobert und über ein Jahrhundert lang auch gehalten wurde.

Wer hier Angreifer und wer Verteidiger war, ist schwierig zu entscheiden. Für die beiden Konfliktparteien war die Sache jedoch klar und eindeutig. Sowohl Christen wie Muslime fühlten sich im Recht und meinten, Gott auf ihrer Seite zu haben. Dabei ging es gar nicht nur um Gott und Religion, sondern auch um Geld und Politik; kurz um Fundamentalismus. Christliche Fundamentalisten bekämpften islamische Fundamentalisten und begründeten das mit fundamentalistischen Ideologien. Dschihad stand gegen Kreuzzug und Kreuzzug gegen Dschihad.

Dieser Kampf der Kulturen hat im kollektiven Gedächtnis sowohl des christlichen Abendlandes wie des islamischen Orients tiefe Spuren hinterlassen. Beide fühlten und fühlen sich immer noch voneinander bedroht. Muslime fürchten sich vor dem christlichen Kreuzzug und Christen vor dem Islamismus. Dabei wird die wechselseitige kulturelle Befruchtung der beiden Kulturkreise übersehen.

Zur christlichen Angst vor dem Islamismus hat eine ganz kleine islamische Glaubensgemeinschaft (oder: Sekte) beigetragen, die zu einem bis heute nachwirkenden islamistischen Schreckgespenst gemacht worden ist. Gemeint sind die von ihren Feinden so genannten „Assassinen".[83] Ihrer Geschichte und Wahrnehmung gilt der folgende kleine Exkurs.

Die „Assassinen" haben sich Ende des 11. Jahrhunderts von den heute noch existierenden Ismaeliten abgespalten.[84] Unter ihrem Führer Hassan i Sabbah, dem sogenannten „Alten vom Berge", errichteten sie im Grenzgebiet zwischen dem heutigen Persien und der Türkei eine Art Gottesstaat, der sich gegenüber den benachbarten Kreuzfahrerstaaten und den Seldschukenreichen fast ein Jahrhundert halten konnte, bevor er 1256 von den Mongolen vollständig vernichtet wurde.

Diese bemerkenswerte Stabilität verdankte der „Assassinen"-Staat der militärischen Tüchtigkeit und dem religiösen Fanatismus seiner Bewohner und Krieger, die allen Angriffen auf ihre Burgen standhielten und darüber hinaus selbst zum Angriff auf ihre christlichen und islamischen Nachbarn übergingen. Dabei wurden von eigens dazu geschulten Männern Attentate auf sowohl christliche wie islamische Herrscher ausgeübt; meist mit Dolchen, was die erfolgreiche Durchführung dieser Attentate sicherte, zugleich aber die Überwältigung und Gefangennahme der Attentäter erleichterte. Um dies und ihre anschließende qualvolle Hinrichtung zu verhindern, sollen sich verschiedene von ihnen nach begangener Tat selbst umgebracht haben.

Diese Entschlossenheit verblüffte Christen wie Muslime gleichermaßen. Sie stellten Spekulationen darüber an, wie dies möglich sein könnte. Muslime führten das Phänomen auf den vorherigen Genuss von Haschisch zurück, weshalb sie allen Gefolgsleuten des „Alten vom Berge" den (Spott-)Namen „Haschischinen" (= Haschischesser) gaben. Die Christen machten daraus „Assassinen", was im Französischen und Englischen bis heute als synonym für „Mörder" gilt. Aus der islamischen Glaubensgemeinschaft wurde eine islamistische „Mördersekte", die sich gegen das gesamte christliche Abendland verschworen habe. Mit dem Hinweis auf die Verschwörung der extrem heimtückischen und mörderischen „Assassinen" wurde schon im Mittelalter die abendländische Aggression gegen die „verteufelten Muslime" generell begründet.

Vereinzelt wurde im Westen sogar angenommen, dass hinter der Verschwörung der „Assassinen“ die „teuflischen Juden“ stünden. So wusste Luther in seiner 1543 veröffentlichten Schrift „Vom Schem Hamphoras und vom Geschlecht Christi“ zu berichten, dass „die Juden“ ihre „Meuchelschäden“ auch mithilfe der „Assessinen“ begehen würden, „die von den Saracenen inn alle welt geschickt werden, die weltlichen herrn listiglich zu erwürgen und, was sie können, zu ermorden, ob sie also die ledigen Lender, und ohn herrn einnemen kündten“.[85] Doch diese antisemitische Konnotation dieser Verschwörungsideologie ist, wie gesagt, selten.

In der Neuzeit galten die „Assassinen“ vielmehr als Beweis und Beispiel für den angenommenen Fanatismus des Islam und die Rückständigkeit des Orients. Das Schreckbild der „Assassinen“ wurde zum integralen Bestandteil des orientalischen Feindbildes. In der unmittelbaren Gegenwart werden die „Assassinen“ als Vorbild der islamistischen Selbstmordattentäter und, wie bereits erwähnt, als Beweis und Beispiel der Gefährlichkeit sowohl des Islam wie des Islamismus angesehen. Das ist eine „fundamentalistische Fehlwahrnehmung“.[86]

Turcophobie und Orientalismus

Keine Fehlwahrnehmung war die Angst vor den Türken.[87] Sie war real. War doch das Osmanische Reich seit dem 14. Jahrhundert langsam, aber scheinbar unaufhaltbar nach Westen vorgedrungen: 1389 wurden die Serben auf dem Amselfeld vernichtend geschlagen; anschließend Bulgarien, die Walachei und Teile Griechenlands erobert. 1453 fiel Konstantinopel; und 1463 gehörte ganz Griechenland zum Osmanischen Reich. 1526 besiegten die Osmanen ein ungarisches Heer unter König Ludwig II.; und drei Jahre später, 1529, standen sie zum ersten Mal vor Wien. Obwohl sie hier geschlagen worden waren und 1571 mit der Seeschlacht von Lepanto auch die Vorherrschaft im Mittelmeer verloren hatten, stießen sie 1683 noch einmal bis Wien vor. Erst der bei Wien durch ein deutsch-polnisches Heer errungene Sieg brachte die Wende. Die Türken wurden schrittweise zuerst aus Ungarn dann aus dem gesamten Balkan zurückgedrängt. Dies dauerte jedoch bis zum Ende des 19. Jahrhunderts. Statt sich vor ihm zu fürchten, stritten sich die europäischen Mächte jetzt um das Erbe des „kranken Mannes am Bosporus".

Die Türkenangst ging zurück.[88] Überwunden war sie aber nicht. Dafür hat vor allem die katholische Kirche gesorgt. Sie war es nämlich, die ihren gesamten ‚Propagandaapparat' gegen die Türken in Bewegung gesetzt hatte. Zur Bannung der Türkengefahr wurde gebetet und Geld gesammelt sowie besondere Prozessionen unter dem Geläut von Türken-Glocken durchgeführt. All dies geschah unter deutlicher Bezugnahme auf den hochmittelalterlichen Kreuzzugsgedanken.

So weit wollten die Protestanten nicht gehen. Gleichwohl haben sie auch zu einer rücksichtslosen Bekämpfung der Türken aufgerufen. Für Martin Luther waren die Türken genauso böse wie die „teuflischen Juden" und der gleichermaßen verteufelte Papst.[89] Der „Notkrieg" gegen die Türken sei absolut berechtigt. Zu ihm seien nach der Meinung von Lucas Osiander „alle christlichen oberkeiten ihres amptes und beruffs halben" verpflichtet, die „das schwerdt von Gott empfangen haben, die frommen zu schützen und die bösen zu straffen".[90] Der „Türck" sei ein „rechter tyrann, mörder, rauber, mordbrenner" und „rasender teuffelskopff".[91]

Diese Äußerungen verweisen auf die religiöse Motivation der christlichen Türkenangst. Sie war nicht ganz berechtigt. Das Osmanische war zwar genau wie das arabische Reich fundamentalistisch, weil Politik und Religion nicht voneinander getrennt waren, der Sultan auch das Amt des Kalifen ausübte und die Rechtsordnung der Scharia galt, ihren Aufstieg zur Großmacht verdankten die Osmanen aber mehr ihrer militärischen Tüchtigkeit und Stärke als ihrem islamischen Glauben. Er ist auch den Angehörigen der unterworfenen christlichen Völker nicht aufgedrängt worden. Sie wurden genau wie die Juden geduldet, mussten aber besondere Steuern zahlen und waren weiteren diskriminierenden Bestimmungen und Gesetzen unterworfen. Doch insgesamt war die Lage der nicht muslimischen Minderheiten im Osmanischen Reich weit besser als die der Juden und Muslime in den christlichen Staaten.

Dies ist dann auch auf der christlichen Seite erkannt und anerkannt worden. Von einigen europäischen Aufklärern sind die Türken wegen ihrer – vermeintlichen – Toleranz und wegen ihrer – tatsächlichen – kulturellen Leistungen gefeiert worden. Einige wurden übernommen und imitiert. Die Reihe ist lang. Sie reicht vom türkischen Kaffee bis zur türkischen Militärmusik. Zur Turcophobie kam die Turcophilie. Besonders ausgeprägt war sie im deutschen Sprachraum. Hinzuweisen ist auf Mozarts „Zauberflöte“ und Goethes „West-östlicher Diwan“.[92]

Bei den Engländern und Franzosen war dies anders. Ihre Turcophobie wurde nicht von einer Turcophilie, sondern von dem abgelöst, was Edward Said als „Orientalismus“ bezeichnet hat.[93] Der gesamte islamische Orient wurde nicht mehr gefürchtet, sondern wegen seiner vermeintlichen Schwäche und kulturellen Rückständigkeit verachtet. Dies geschah in politischer Absicht. England und Frankreich wollten das Osmanische Reich zerschlagen und den gesamten orientalischen Raum kolonisieren. Diesem politischen Ziel diente die Ideologie des Orientalismus. Auf den europäischen Expansionismus und Orientalismus mussten die orientalischen Länder reagieren. Doch wie?

Fundamentalismus und Nationalismus

Einige haben trotzig und unbeirrt an ihrer als orientalistisch beschimpften fundamentalistischen Staats- und Gesellschaftsordnung festgehalten. Dies war (und ist bis heute) vor allem in Saudi-Arabien der Fall. Hier herrscht die islamistische Rechtsordnung der Scharia, sind Politik und Religion nicht getrennt und werden alle aufklärerischen Gedanken und Ideen strikt und kompromisslos abgelehnt. Saudi-Arabien ist ein radikal fundamentalistisches Land geblieben. Ein Anachronismus, ja ein atavistischer Rückfall in eine ferne und sonst überall überwundene Vergangenheit. Dass dies immer noch geduldet wird, hat Saudi-Arabien einzig und allein seinem Ölreichtum zu verdanken. Mit ihm hat es seine Duldung und seinen Schutz durch die demokratischen Staaten des Westens, allen voran die USA, erkauft, die über die Verletzung der universalistischen Prinzipien von Menschenrecht und Menschenwürde hinwegsehen, um ihre Autos mit billigem Benzin betanken zu können. Dieser Öl-gegen-Menschenrechte-Handel wird den Westen noch teuer zu stehen kommen. Seine sonstige Ablehnung und Bekämpfung des Islamismus wird durch die Duldung des radikalen Islamismus in Saudi-Arabien unglaubwürdig. Darauf wird noch einmal einzugehen sein.

Doch zuvor ist ein Blick auf die islamischen Länder zu werfen, die sich gegen den europäischen Expansionismus und Orientalismus gewehrt haben, indem sie ihre eigene fundamentalistische Staats- und Gesellschaftsordnung abschafften und durch eine am europäischen Vorbild orientierte ersetzten. Zu diesem Zweck und Ziel wurden die europäischen Ideologien des Nationalismus (zum Teil auch des Antisemitismus) übernommen. Mit ihnen wurde die Bekämpfung der tatsächlichen oder auch nur angeblichen inneren und äußeren Feinde dieser neu geschaffenen Nationalstaaten begründet.

An erster Stelle ist die von den Jungtürken und Atatürk reformierte, modernisierte und zu einem laizistischen Nationalstaat gemachte Türkei zu nennen.[94] Die türkische Nationsbildung forderte aber einen hohen Preis. Gezahlt wurde er einmal von den Angehörigen der nationalen und religiösen Minderheiten in der Türkei. Die Armenier wurden vernichtet, die Griechen vertrieben, und die Kurden wurden zwangsassimiliert. Nur die ganz kleine jüdische Minderheit wurde toleriert. Nicht toleriert, sondern energisch bekämpft wurden alle islamistischen Strömungen innerhalb der türkischen Mehrheitsgesellschaft. Allen islamischen Türken wurde das Tragen und Zeigen von religiösen Symbolen und Kleidungsstücken in der Öffentlichkeit untersagt. Eine Zeitlang war sogar die Hadsch, die Pilgerfahrt nach Mekka, verboten. Der türkische Nationalstaat war ein Novum in der Geschichte der Nationalstaaten. Er war nationalistischer und laizistischer als alle anderen. In ihm wurden keine nationalen Minderheiten geduldet und Politik und Religion strikt voneinander getrennt.

Dennoch wurde er zum Vorbild einiger arabischer Nationalstaaten, die nach dem Ersten Weltkrieg auf dem Territorium des von den Westmächten zerschlagenen Osmanischen Reiches entstanden.[95] Gegründet wurden sie von einer Partei, welche eigentlich die Wiedergeburt des arabischen Großreiches anstrebte, weshalb sie sich auch „Baath" (= Wiedergeburt) nannte. Dieses panarabische Ziel wurde jedoch nicht erreicht. Die Baath-Partei kam nur im Irak und in Syrien an die Macht. In diesen Ländern wurden nach der Befreiung von der britischen und französischen Kolonialherrschaft diktatorische Regime errichtet, die große Ähnlichkeit mit den Diktaturen in Ägypten, Libyen und Tunesien hatten. Wegen ihrer diktatorischen Struktur und terroristischen Herrschaftspraxis unterschieden sie sich von der noch als demokratisch einzuschätzenden Türkei. Mit der Türkei gemeinsam hatten sie aber ihren grundsätzlich säkularen Charakter. Politik und Religion waren aber nicht so strikt voneinander getrennt, wie dies in der Türkei der Fall war. Insgesamt handelte es sich um islamische, aber eben nicht um islamistische Staaten.

Doch dazu sollen sie gemacht werden. Alle genannten säkularen Diktaturen sollen in islamistische Diktaturen umgewandelt werden. Einige sind es bereits. Dies auf Betreiben einer neuen islamisch-fundamentalistischen Bewegung, die sich über den gesamten Nahen und Mittleren Osten ausgebreitet hat, in einigen Ländern bereits die Macht ergriffen hat und in den restlichen unweigerlich zur Macht kommen wird. Wo liegen ihre Ursprünge und wer waren die Gründungsväter des neuen Islamismus?

Amin al-Husseini und die PLO

Amin al-Husseini wurde 1893 in Jerusalem als Sohn einer einflussreichen und alten Notablenfamilie geboren, die sich rühmt, von einer Tochter des Propheten Mohammed abzustammen.[96] Nach dem Besuch einer weltlichen (französischen) Schule in Jerusalem und einer religiösen in Kairo beteiligte sich Husseini als Unteroffizier der Osmanischen Armee am Ersten Weltkrieg. Nach Jerusalem zurückgekehrt, wurde er dort 1921 zum Mufti (= Islamgelehrter) gewählt, der den zusätzlichen Titel „al-Akbar“ führte, was allgemein mit „Großmufti“ übersetzt wird. Diese Wahl wurde vom britischen Hochkommissar für Palästina, Herbert Samuel (der übrigens selbst jüdischer Herkunft war), bestätigt. In seiner Eigenschaft als Vorsitzender des Hohen Islamischen Rates soll sich Husseini zunächst vor allem karitativen Aufgaben und der Restaurierung der Al-Aqsa-Moschee in Jerusalem gewidmet haben. Im September 1937 entzog sich Husseini der drohenden Verhaftung durch die britische Mandatsmacht, die ihn beschuldigte, an der Ermordung des britischen Statthalters in Galiläa beteiligt gewesen zu sein, indem er zunächst in den Libanon und dann nach Syrien floh. Umstritten ist, ob er schon zu diesem Zeitpunkt über enge Kontakte zu Hitler-Deutschland verfügte. Nach Ausbruch des Krieges 1939 war das aber mit Sicherheit der Fall.

1941 beteiligte sich Husseini an dem zunächst erfolgreichen Putsch Al-Kailanis im Irak, der jedoch durch britische Truppen niedergeschlagen wurde. Husseini musste erneut fliehen und gelangte über Italien, wo er von Mussolini empfangen wurde, im November 1941 nach Berlin. Hier kam es nach einigen Vorverhandlungen mit dem Staatssekretär im Auswärtigen Amt, Ernst von Weizsäcker, am 28. November 1941 zu einem Gespräch mit Hitler, das 90 Minuten dauerte und mit einem für Husseini enttäuschenden Ergebnis endete. Hitler lehnte nämlich die erbetene öffentliche Unterstützung der arabischen Unabhängigkeitsbewegung ab, weil dies erst dann sinnvoll sei, wenn die deutschen Truppen den Kaukasus erreicht hätten. Dennoch oder deshalb berichteten die deutschen Zeitungen in ziemlich großer Aufmachung und mit einem Bild, das Hitler und Husseini im Gespräch zeigt (und das wirklich Geschichte gemacht hat), über diese, wie gesagt, eigentlich ergebnislose Besprechung.

Husseini gab aber nicht auf und erlangte eine interne Erklärung, in der sich Deutschland für die Unabhängigkeit der Araber einzusetzen versprach. Gewissermaßen im Gegenzug tat Husseini alles in seiner Macht Stehende, um Hitler in seinem Kampf gegen England und „die Juden“ zu unterstützen. So beteiligte er sich an der Aufstellung einer arabischen Hilfstruppe, die von General Felmy im griechischen Kap Sounion gebildet und „deutsch-arabische Lehrabteilung“ genannt wurde. Ein Teil dieser Truppe wurde gegen den Protest Husseinis nach Russland geschickt. Ein anderer kämpfte in den Reihen des Afrikakorps in Tunesien, bis diese arabischen Soldaten wegen Unzuverlässigkeit von der Front abgezogen und als Arbeitssoldaten eingesetzt wurden.

Als aus deutscher Sicht zuverlässig und ungeheuer brutal galten dagegen die muslimischen Einheiten der Waffen-SS, die in Bosnien rekrutiert wurden. Neben zwei SS-Divisionen namens „Khanjar“ und „Quama“ mit zusammen 37.000 Mann sollen noch weitere 100.000 Muslime in Milizen auf deutscher Seite gekämpft – und nachweisbare Kriegsverbrechen begangen haben. Dies mit Wissen und Billigung Husseinis, der diese muslimischen Einheiten für ihren Kampf gegen den „jüdisch-bolschewistischen Weltfeind“ instruiert hatte.

Doch das Hauptinteresse Husseinis galt der Bekämpfung der Juden in seinem palästinensischen Heimatland. Die Gelegenheit dazu bot sich, als im Sommer 1942 in Athen ein Einsatzkommando der Sicherheitspolizei und des SD mit dem Ziel aufgestellt wurde, die Juden in Palästina zu ermorden.[97] Husseini sagte sofort seine Hilfe zu und verhandelte mit Adolf Eichmann über den Einsatz von arabischen Hilfswilligen bei dem geplanten Massenmord. Dass es dazu nicht gekommen ist, lag einzig und allein an der Niederlage Rommels bei El Alamein.

Die Juden im damaligen „Jischuw“ und späteren Israel sind nicht der deutschen „Endlösung der Judenfrage“ zum Opfer gefallen, mussten sich aber weiterhin der antisemitischen Angriffe der Araber erwehren. Angestachelt dazu wurden sie weiterhin von Husseini, dem es am Ende des Krieges gelang, über die Schweiz und Frankreich nach Ägypten zu fliehen. Hier beteiligte er sich an der Gründung der Palästinensischen Befreiungsbewegung PLO, auf die er bis zu seinem Tod im Jahr 1974 einen großen ideologischen, genauer islamistischen Einfluss ausübte.

Doch das wurde von der PLO selbst verschwiegen und geleugnet. Wollte sie doch eine links orientierte und auf jeden Fall säkulare nationale Befreiungsbewegung sein, die folglich peinlichst bemüht war, alle fundamentalistischen Anleihen zu kaschieren. Dennoch waren diese schon an dem äußeren Erscheinungsbild, das die Mitglieder der PLO boten, zu erkennen. Gemeint ist das Markenzeichen der PLO – die „Kaffijah“, die von den männlichen Mitgliedern der PLO als Kopftuch oder Schal getragen wurde. Die Kaffijah ist bereits von Husseini eingeführt und allen männlichen Muslimen in Palästina verordnet worden, die damit ihre muslimische Identität zum Ausdruck bringen sollten. Wer sich dem Kaffijahzwang Husseinis entzog und sich westlich kleidete, wurde auf Geheiß des Großmuftis massakriert. Noch schlimmer erging es muslimischen Frauen, die sich in der Öffentlichkeit nicht verschleiert und in westlicher Kleidung zeigten. Dieser fundamentalistische Eifer Husseinis hat selbst seine ihm sonst wohlgesonnenen Freunde aus dem faschistischen Deutschland erschreckt.

Nun sind das alles Äußerlichkeiten, deren Bedeutung nicht über-, aber auch nicht unterschätzt werden sollte. Mit ihrer Kleidung sowie ihrer Bart- und Haartracht wollen Menschen etwas zum Ausdruck bringen. Dies war schon immer und nicht erst in der Moderne und keineswegs nur bei den Muslimen der Fall. Männliche und weibliche Muslime berufen sich bei ihrer Kleidung, Bart- und Haartracht auf einige Vorschriften, die Mohammed gemacht hat oder gemacht haben soll. Ist doch keineswegs sicher, ob etwa das Kopftuch der muslimischen Frauen wirklich ein religiös begründetes Gebot darstellt, wie dies heute von einigen Islamisten und noch mehr von Antiislamisten behauptet wird.

Für die Kaffijah gilt das nicht. Ihr Tragen ist nicht von Mohammed, sondern wie erwähnt vom Großmufti verordnet worden. Sie wird heute auch nicht als religiöses, sondern als ideologisches Symbol wahrgenommen. Mit ihm wird und soll auch vornehmlich die Parteinahme für die politischen Ziele der PLO zum Ausdruck gebracht werden. Da das vorrangigste Ziel der PLO die Bekämpfung der Zionisten und Juden generell ist, kann das Tragen der Kaffijah als antizionistisch und antisemitisch ausgelegt werden.

Das wird jedoch von den meisten der größtenteils jugendlichen Menschen im Westen heftig abgestritten, die mit dem „Pali-Tuch" nur ihre Sympathie für die als antiimperialistisch eingeschätzte Zielsetzung der palästinensischen Befreiungsbewegung ausdrücken möchten – oder es schlicht als chic und cool ansehen. Bei den Palästinensern und sonstigen Arabern, die bei ihren Demonstrationen gegen Israel die Kaffijah tragen, ist oder scheint dies anders zu sein. Sie wissen sehr wohl, was sie damit machen – ihre Feindschaft gegenüber Israel und den Juden bekunden.

Tatsächlich steht der Antisemitismus und keineswegs ‚nur' der Antizionismus im Mittelpunkt der Ideologie der PLO. Der palästinensische Antisemitismus besteht sowohl aus fundamentalistischen Elementen, die mit dem Hinweis auf einige Koran-Stellen begründet werden, wie aus einigen säkularen ideologischen Versatzstücken, die aus dem christlichen Abendland importiert worden sind. Ganz hoch im Kurs stehen antisemitische Verschwörungsideologien, die meist mit dem Hinweis auf die – gefälschten – „Protokolle der Weisen von Zion" begründet werden. Dieses antisemitische Schand- und Standardwerk ist bereits 1926, vermutlich auf Veranlassung Husseinis, ins Arabische übersetzt und in den arabischen Ländern verbreitet worden. Seitdem erfreut es sich in allen arabischen und muslimischen Ländern einer zunehmenden Beliebtheit. Dazu beigetragen haben einige weitere Fälschungen und fiktive Dokumente, mit denen der Realitätsgehalt der ebenfalls gefälschten „Protokolle der Weisen von Zion“ bewiesen werden soll.[98] Hier nur einige Beispiele, die alle aus der ideologischen Trickkiste der europäischen Antisemiten und Faschisten stammen könnten, tatsächlich aber von arabischen Antisemiten und sonstigen islamischen Fundamentalisten erfunden worden sind.

Die Reihe ist lang. Sie beginnt mit der Behauptung, dass der israelische Politiker Shimon Peres den Wahrheitsgehalt der „Protokolle der Weisen von Zion“ bestätigt haben soll. Nach einer weiteren ebenfalls von der PLO verbreiteten Verschwörungsgeschichte soll eine jüdische Geheimorganisation namens „Schwarze Hand“ 1968 in Frankreich eine Finanzkrise ausgelöst haben, um den damaligen Präsidenten Charles de Gaulle für dessen pro-israelische Politik zu strafen. Nicht näher charakterisierte Juden sollen ferner verbotene Drogen verbreitet, arabische Kinder zum Satanskult verleitet und arabische Frauen zur sexuellen Hemmungslosigkeit verführt haben – letzteres durch die Verabreichung von Kaugummi. Kann man dies noch als unfreiwillig komisch ansehen, ist die von der PLO vor der UNO-Menschenrechtskommission 1997 vorgetragene Beschuldigung, Juden hätten das Aidsvirus verbreitet, einfach abscheulich. Noch abscheulicher sind die auch in der palästinensischen Publizistik zu findenden Auschwitzlügen.[99] Diese antisemitischen Verschwörungsideologien wurden noch durch die ebenfalls antisemitisch motivierten Ideologien über die angeblichen Hintergründe des Terroranschlags vom 11. September 2001 in den Schatten gestellt. Sie wurden jedoch keineswegs nur von den Palästinensern, sondern auch von vielen Angehörigen der westlichen Länder vertreten.

Doch das ändert nichts an der Tatsache, dass die PLO einen eliminatorischen Antisemitismus vertrat und einen fundamentalistischen Charakter hatte. Dennoch wurde die PLO auch im Westen und gerade von verschiedenen westlichen Linken als antiimperialistische Befreiungsbewegung angesehen und entsprechend gefeiert. Das wirkt zumindest heute sehr befremdlich. Noch befremdlicher ist, dass sich auch Yassir Arafat (1930–2004), der die Nachfolge des Großmuftis angetreten hatte, großer Beliebtheit erfreute. Dies trotz seiner terroristischen Handlungen und seines persönlichen korrupten Verhaltens.

Doch das ist Geschichte. Von dem Antisemiten, Terroristen – und Friedensnobelpreisträger – Arafat redet heute kaum jemand mehr. Er steht im Schatten seines als gemäßigt geltenden Nachfolgers Mahmud Abbas, der die Führung der PLO bzw. ihrer „Fatah" (= Sieg) genannten Kernfraktion übernommen hat und zum Präsidenten eines allerdings noch nicht anerkannten palästinensischen Staates geworden ist. Dieser wie gesagt noch gar nicht existierende Staat ist jedoch in zwei Teile zerfallen. In das palästinensische Kerngebiet auf der sogenannten Westbank und in den Gazastreifen, der von einer Bewegung beherrscht wird, die ganz und gar das ist, was die gesamte PLO noch nicht vollständig war: islamisch-fundamentalistisch bzw. islamistisch.

Die Rede ist von der „Hamas". Sie bezeichnet und versteht sich als eine Widerstandsbewegung gegen den verhassten israelischen Staat.[100] In ihrer (nie revidierten und heute noch gültigen) „Charta" aus dem Jahr 1989 rühmt sich die Hamas, „Glied in der Kette des Heiligen Krieges" zu sein, und bekennt sich ohne Einschränkung zur totalen Vernichtung Israels.[101] Wer im „Heiligen Krieg" gegen den „Zionismus" falle, sterbe im „Dienst Allahs". Der Vernichtungskampf gegen Israel wird mit der Dschihad-Ideologie begründet.

Hinzu kommt ein fundamentalistisch und selbst rassistisch motivierter Antisemitismus. Gleichzeitig wird jedoch Israel des Rassismus bezichtigt und ihm die Instrumentalisierung des Holocaust zum Zwecke der Legitimierung seiner Eroberungspolitik vorgeworfen. Dabei habe Palästina niemals den Juden, sondern immer den Muslimen gehört. Diese eigenwillige Geschichtsinterpretation wird mit Hinweisen auf den Koran vorgenommen: Die hier erwähnten David und Salomon seien nämlich „wahre Gläubige", das heißt eigentlich Muslime gewesen. Abraham gilt gar als der „erste Muslim". Die Juden bzw., wie sie konsequent und abschätzig genannt werden, die „Zionisten" hätten sich Palästina mithilfe des „Weltimperialismus unter Führung der USA" widerrechtlich angeeignet und würden darüber hinaus die Herrschaft über das gesamte Land vom Euphrat bis zum Nil anstreben. Letzteres wird wiederum mit dem Hinweis auf die „Protokolle der Weisen von Zion“ begründet. Im zukünftigen „Islamischen Palästina“ würden Juden allenfalls als „Schutzbefohlene“ (arabisch: ahl-al-dhimma) geduldet,[102] hätten aber das islamische Recht zu respektieren, dessen Einhaltung wiederum von islamischen Komitees kontrolliert werden würde. Dass die führenden israelischen Politiker mit einer derartigen radikal-islamistischen und zugleich antisemitischen Organisation nicht verhandeln wollen, ist verständlich, wenn auch nicht unbedingt klug. Dabei ist die Hamas nur der Ableger der noch mächtigeren islamistischen Bewegung der Muslimbrüder. Ihre Ursprünge liegen in Ägypten.

Hassan al-Banna und die Muslimbrüder

Ihr Gründer und erster Führer war der Ägypter Hassan al-Banna (1906–1949).[103] Der 1906 geborene Hassan al-Banna hatte seine politische Karriere als arabischer Nationalist begonnen und sich an dem Befreiungskampf gegen die britische Kolonialherrschaft in seiner ägyptischen Heimat beteiligt. Für sie und für den gesamten Niedergang der arabischen und islamischen Welt hatte er dann jedoch „den Westen“ insgesamt verantwortlich gemacht. Daher hielt er eine Rückkehr zu den Idealen des Islam und eine rücksichtslose Bekämpfung aller „westlichen“ und aufklärerischen Bestrebungen für notwendig.

Zur Erreichung dieses fundamentalistischen Ziels rief er 1928 die „Muslimbruderschaft“ ins Leben. Sie erhielt sofort regen Zulauf. 1944 soll sie allein in Ägypten über 500.000 Mitglieder verfügt haben. Damit war sie zu einer Gefahr für den inneren Bestand des ägyptischen Staates geworden, weshalb sie verboten wurde. Gegen dieses Verbot wehrten sich die Muslimbrüder durch Terroranschläge, die mit staatlichem Terror beantwortet wurden. Dabei kam auch Hassan al-Banna um. Er wurde am 12. Februar 1949 erschossen. Sein formaler Nachfolger war Hasan al-Hudaybi, doch zum eigentlichen Führer und Ideologen der Muslimbruderschaft wurde Sayyid Qutb (1906–1966).[104]

Sayyid Qutb wurde wie Hassan al-Banna im Jahr 1906 geboren und war nach Schule und Universität Lehrer geworden. Daneben betätigte er sich noch als Literat und regierungskritischer Journalist. Dies brachte ihm den Zorn König Faruqs I. ein, der Qutb jedoch nicht ins Gefängnis, sondern in die USA sandte, wo er sich mit dem dortigen Bildungssystem beschäftigen sollte. Gebildet und zum Anhänger der westlichen Demokratie geläutert wurde Sayyid Qutb dort jedoch keineswegs. Stattdessen fühlte er sich von dem in Amerika tatsächlich herrschenden Rassismus und der vermeintlichen Promiskuität geradezu abgestoßen. Für Qutb war Amerika nicht „God´s own country", sondern das Land des Teufels schlechthin, das nicht Gott, sondern das Geld anbeten würde. Dies leitete bei dem bis dahin trotz allem schon sehr verwestlichten Qutb die Rückwendung zum Islam ein und bewog ihn, 1951 der islamistischen Muslimbruderschaft beizutreten.

Innerhalb der Muslimbruderschaft avancierte Sayyid Qutb sehr schnell zum führenden Parteiideologen, der sich mit Nassers „Freien Offizieren" heftige öffentliche Schlagabtausche lieferte. Dies brachte ihm den Respekt seiner Parteifreunde, aber zugleich die Feindschaft Nassers ein. Nachdem ein Mitglied der Muslimbruderschaft 1954 ein – gescheitertes – Attentat auf Nasser ausgeübt hatte, wurde Qutb unter dem Vorwurf der Mittäterschaft verhaftet und 1955 zu 25 Jahren Zwangsarbeit verurteilt. Noch während seiner Haftzeit schrieb er dann seine Hauptwerke „Im Schatten des Korans" und „Zeichen auf dem Weg".

Zentrale Gedanken sind die Ablehnung sowohl der westlichen Demokratie wie des östlichen Sozialismus und das Bekenntnis zu einer direkten und totalen Herrschaft Gottes auf Erden, was durch die Wiedereinführung und absolute Beachtung der Scharia erreicht werden soll. Allen Ungläubigen, die die „Gottesherrschaft" nicht anerkennen würden, wurde zugleich der religiös begründete Kampf angesagt. Dabei scheute sich Qutb nicht, den Begriff des „Dschihads" zu verwenden. Zu Hauptzielen und Hauptopfern dieses, wie man nun wirklich sagen kann, „heiligen Krieges" sollten „die Juden" werden, was Qutb in einem schon 1950 veröffentlichten Aufsatz mit dem Titel „Unser Kampf mit den Juden" noch näher ausführte und begründete.

Mit diesem islamistischen Programm hat sich Qutb innerhalb der Muslimbruderschaft durchgesetzt. Sie hat einen islamistischen Charakter, weil sie die islamistische Dschihad-Ideologie sowie einen islamistischen Antisemitismus vertritt und einen Staat anstrebt, in dem das islamistische Scharia-System angewandt und verwirklicht werden soll. An der Erreichung dieses Ziels sind die Muslimbrüder jedoch durch die ägyptischen Präsidenten gehindert worden. Sie wurden sowohl von Nasser wie dessen Nachfolgern Sadat und Mubarak verboten und verfolgt. Dadurch wurde ihre Machtergreifung verhindert. Doch jetzt nach dem Fall Mubaraks und der sogenannten oder angeblichen Revolution in Ägypten steht oder scheint sie unmittelbar bevorzustehen. Die Muslimbrüder sind zur stärksten Partei geworden, haben alle Wahlen gewonnen und stellen mit Mursi auch den jetzigen ägyptischen Präsidenten. Kommt es jetzt zur Errichtung des von den Muslimbrüdern immer propagierten islamistischen Gottesstaates in Ägypten – so wie in Libyen, Tunesien und bald auch in Syrien, wo die Muslimbrüder ebenfalls die Macht ergriffen haben oder es bald tun werden? Die Muslimbrüder versichern, dass dies nicht der Fall sein wird. Sie beteuern, dass sie die bisherigen säkularen Diktaturen durch islamische Republiken ersetzen werden. Kann man ihnen glauben? Viele westliche Journalisten und sonstige „Experten“ tun das. Dies haben sie auch vor und nach dem Sturz des Schah-Regimes im Iran getan. Und da haben sie sich offenkundig geirrt. Denn im Iran ist das verwirklicht worden, was die Muslimbrüder anstreben: ein islamistischer Gottesstaat, den es in dieser radikalen Form noch niemals in der Geschichte gegeben hat.

Ruhollah Khomeini und der islamistische Gottesstaat im Iran

Der heute immer noch bestehende islamistische Gottesstaat im Iran war das Werk eines Mannes – Ruhollah Khomeini (1902–1989). Geboren wurde er 1902 als Ruhollah Musavi in der Kleinstadt Khomein, nach der er sich später benannte.[105] Sein Vater war ein islamischer Geistlicher. Der junge Khomeini folgte seinem Beispiel. Im Alter von nur 15 Jahren brach er den Schulbesuch ab, um sich zunächst in Arak, dann in Quom zum islamischen Rechtsgelehrten ausbilden zu lassen. Dieses ‚Studium‘ schloss er 1936 mit dem Erwerb des Titels eines „Mudjahid" (= Rechtsgelehrter) ab, um danach selbst in Quom islamisches Recht und Philosophie zu lehren. Khomeini war bis dahin nur einer von vielen islamischen Geistlichen. Nichts deutete darauf hin, dass er zum Politiker werden wollte – und konnte.

Doch dies änderte sich schlagartig, als der bis dahin völlig unbekannte Ayatollah am 22. März 1963 seine iranischen Landsleute dazu aufforderte, sich gegen den Schah zu erheben. Die von Khomeini gepredigte „Revolution" begründete er religiös – genauer mit dem Dschihad-Gedanken. Dies war neu und unerhört. Die Reaktion des Schah-Regimes ließ nicht auf sich warten. Khomeini wurde verhaftet, aber auf Druck des Großayatollahs wieder freigelassen und nur unter Hausarrest gestellt. Doch dies scheint auf Khomeini keinen großen Eindruck gemacht zu haben. Am 28. Oktober 1964 hielt er erneut eine öffentliche Schmährede gegen den Schah. Daraufhin wurde Khomeini in die Türkei abgeschoben, die er jedoch bald verließ, um zunächst in den Irak und schließlich ins französische Exil zu gehen.

Hier verfasste er sein Hauptwerk „Der islamische Staat". Seine Grundgedanken gehen auf Seyyed Nabawi Safawi zurück, der schon 1941 eine Organisation namens „Feddajin-e Islam" (= die sich für den Islam aufopfern) gegründet hatte.[106] Ihr Ziel war die Errichtung eines islamistischen Staates, in dem die Scharia herrschen und der einen Dschihad gegen den Westen führen sollte. Khomeini brachte dies mit folgenden Worten auf den Punkt: „Der islamische Staat ist ein Staat des Gesetzes. In dieser Staatsform gehört die Souveränität einzig und allein Gott. Das Gesetz ist nichts anderes als der Befehl Gottes."[107]

Khomeini forderte also nichts anderes als einen theokratischen Gottesstaat. Und dies am Ende des 20. Jahrhunderts! Ein atavistischer Rückfall in längst vergangene Zeiten oder eine negative Utopie, die, wenn schon nicht als (fundamentalistisch-)faschistisch, so doch als islamistisch zu bezeichnen ist. Warum hat dies niemand bemerkt, kritisiert und versucht, ihre Verwirklichung zu verhindern?

Schuld waren einmal die westlichen Medien. Sie wollten in Khomeini nicht das sehen, was er war – statt eines äußerst gefährlichen islamistischen Fanatikers sahen sie einen im Grunde harmlosen, ja gütigen islamischen Geistlichen. Zu dieser Fehlwahrnehmung hatte aber auch Khomeini selbst beigetragen. Zeigte er sich der Öffentlichkeit doch nicht als islamistischer (oder faschistischer) Führer, sondern als einfacher und frommer Iman, der sich nur um das Seelenheil seiner Landsleute und Glaubensgenossen sorgte und keinerlei politische Ambitionen hegte.

Bilder des weißbärtigen Khomeini mit Turban und Kaftan, der sich noch dazu meist im Schneidersitz hockend ablichten ließ, machten im Westen die Runde. Sie vermittelten den offensichtlich erwünschten friedfertigen Eindruck, wodurch sich Khomeini vorteilhaft von dem pomphaften und gewaltsamen Schah zu unterscheiden schien, dessen diktatorisches Regime erst jetzt als verbrecherisch erkannt und entsprechend kritisiert wurde. Khomeini dagegen galt als alter und weiser Mann und wurde entsprechend bewundert – damals übrigens auch von vielen Linken.

Die Macht der Bilder verschaffte Khomeini auch in Persien selbst Macht.[108] Er wurde zum Symbol und zur Leitfigur des Widerstandes gegen das Schah-Regime. Obwohl er scheinbar völlig hilf- und machtlos im fernen Pariser Exil saß, konnte er den Kontakt zur innerpersischen Opposition aufrechterhalten und einen immer stärker werdenden Einfluss auf sie ausüben. Seine Ansprachen und Botschaften an das iranische Volk wurden mithilfe der damals neuen und zugleich günstigen Tonband-Kassetten in den Iran geschmuggelt, wo sie auf eine immer breiter werdende Zustimmung stießen. Zunächst bei seinen, wie soll man sagen, Amtsbrüdern, die Anfang 1978 in Quom eine Sympathiekundgebung für Khomeini veranstalteten, die von der Armee gewaltsam aufgelöst wurde. Dabei starben 80 Menschen. Bei den Unruhen die im Fastenmonat Ramadan des gleichen Jahres in Teheran stattfanden, waren es mehrere tausend. Das Regime verlor zunehmend die Kontrolle, was schließlich den Schah dazu veranlasste, das Land ziemlich fluchtartig am 16. Januar 1979 zu verlassen.

Jetzt war die Stunde Khomeinis gekommen. In Begleitung von 150 Journalisten, die einen entsprechenden Medienrummel veranstalteten, kehrte er am 1. Februar 1979 nach Teheran zurück. Seine Anhänger bereiteten ihm einen begeisterten Empfang. Millionen säumten die Straßen, als er durch Teheran fuhr, um – auch dies eine geschickte PR-Aktion – zunächst einmal den dortigen Märtyrerfriedhof zu besuchen. Die politische Machtergreifung erfolgte umgehend und Schlag auf Schlag:

Schon vier Tage nach seiner Ankunft setzte Khomeini eine Gegenregierung unter Bazargan ein. Der noch amtierende Ministerpräsident Bachtiar beugte sich diesem Druck und trat am 11. Februar 1979 zurück. Alle noch im Lande befindlichen schahtreuen Politiker wurden daraufhin verhaftet. Die immer noch mögliche Gegenwehr der Armee wurde schon im Ansatz durch Terror gebrochen. Zahlreiche Offiziere wurden verhaftet und die meisten davon sofort hingerichtet. Nachdem auch die übrigen Oppositionsgruppen in dem neu gebildeten Revolutionsrat ausgeschaltet worden waren, konnte Khomeini schon am 1. April 1979 die „Islamische Republik Iran" ausrufen.[109]

Wer in ihr das alleinige Sagen hatte, wurde in der neuen Verfassung vom 3. Dezember 1979 festgesetzt. Niemand anderes als Khomeini selbst. Er war alleiniger Revolutionsführer, Führer der (später aber wieder aufgelösten) „Islamisch Republikanischen Partei" (IRP), oberster Rechtsgelehrter und Stellvertreter des 12. Imans auf Lebenszeit.[110] Khomeini allein stand das Recht zu, die formal gewählten Präsidenten (zunächst Bazargan, dann Bani-Sadr) der „islamischen Republik" ein- und abzusetzen.

Gestützt auf die ihm offensichtlich widerspruchslos folgende Geistlichkeit sowie die später geschaffenen paramilitärischen Verbände der Revolutionswächter („Pasdaran") und ihrer Jugendorganisation der „Bassidschi"[111] baute Khomeini sein Regime weiter aus: Alle Parteien, auch die einst mit ihm verbündeten, wurden verboten. Die Universitäten wurden geschlossen und erst nach einer „Reinigung" im islamistischen Sinne wieder eröffnet. Nahezu alle Banken und Industriebetriebe wurden verstaatlicht und jegliche Opposition im Keim erstickt. All dies erfolgte mit begeisterter Zustimmung wirklich großer Teile des Volkes, vor allem der unteren Schichten und der Studenten.

Zu dieser Popularität beigetragen hatten auch die ersten Verbrechen des Regimes. So die völlig widerrechtliche und gegen zentrale Prinzipien des Völkerrechts verstoßende Besetzung der amerikanischen Botschaft, mit der Khomeini von den USA die Auslieferung des Schahs erzwingen wollte. Als sich diese weigerten, wurden die

Angehörigen der amerikanischen Botschaft in Geiselhaft genommen und erst ein Jahr später wieder freigelassen.

Die Demütigung der USA, denen es nicht gelang, die Geiseln vorher zu befreien, rief eine weitere Stärkung Khomeinis hervor. Das galt auch für seine unnachgiebige Haltung im ersten Golfkrieg, der 500.000 Iranern das Leben kostete. Die äußerst hohe iranische Verlustzahl war auch der von Khomeini angeordneten Kriegsführung geschuldet. Dabei sollte die militärische Überlegenheit der irakischen Truppen durch den Masseneinsatz von meist jungen und militärisch kaum ausgebildeten und bewaffneten Iranern ausgeglichen werden. Diese „Bassidschi" wurden gegen die feindlichen Stellungen getrieben, um so einen Schutzschild für die nachfolgenden eigentlichen Truppen zu bilden. Dabei kamen dann auf einen getöteten irakischen Soldaten häufig tausend und noch mehr iranische Opfer. Doch selbst dieser verbrecherische Wahnsinn stieß kaum auf Kritik. Wurde den sich fast willenlos opfernden iranischen Soldaten, die häufig dem Kindesalter noch nicht entwachsen waren, doch ein Platz im Himmel versprochen, was durch die Überreichung eines Schlüssels (aus Plastik!) besiegelt wurde. Das erinnerte an die muslimischen Dschihads – und an die christlichen Kreuzzüge. Nur, dass diese im Mittelalter und eben nicht im angeblich so aufgeklärten 20. Jahrhundert stattgefunden haben.

Zu den Verbrechen an der Front kamen die im Hinterland. Tausende von tatsächlichen oder auch nur angeblichen Regimegegnern sowie Männer und Frauen, die gegen die rigiden Moralvorschriften der Scharia verstoßen hatten, wurden erschossen, durch den Strang hingerichtet oder gesteinigt. Darunter auch viele Homosexuelle und Frauen, die nichts anderes getan hatten, als sich den rigiden Moral- und Bekleidungsvorschriften zu widersetzen.

Zum Terror gegenüber der muslimischen Bevölkerung kam die Verfolgung von religiösen Minderheiten wie der Bahai und auch der Juden, was die meisten der noch im Iran verbliebenen Juden veranlasste, das Land fluchtartig zu verlassen. Insgesamt waren es 35.000.[112] Der von Anfang an vorhandene und von Khomeini auch stets geschürte Antisemitismus richtete sich dann aber vornehmlich gegen den Staat Israel. Er sollte nach dem Willen Khomeinis ganz einfach von der Landkarte gefegt werden. Zu diesem Zweck hat Khomeini eigens den al-Quds-Tag (= Jerusalemtag) ausgerufen, an dem für die „Befreiung“ Jerusalems und die Vernichtung Israels gebetet und demonstriert wird – und dies keineswegs nur im Iran, sondern weltweit. Bis vor Kurzem auch in Berlin, wo sich auch einige Linke an diesem antisemitischen Festival beteiligten.

Dies müsste uns alles nicht mehr interessieren und aufregen, wenn Khomeinis „islamischer Gottesstaat“ nicht seinen Gründer, Führer und Ideologen überlebt hätte. Der heutige Iran ist immer noch das, was er unter Khomeini war – ein radikal-islamistischer Gottesstaat. Er wird nach wie vor von einer Priesterkaste beherrscht, in der ein Ayatollah (gegenwärtig Khameni) das Sagen hat. Die formal weltliche Regierung unter einem Präsidenten (gegenwärtig Ahmadinedschad) wird von einem, aus Geistlichen gebildeten, sogenannten Wächterrat kontrolliert. Das Volk hat weiterhin nichts zu sagen und wird bis in die Privatsphäre hinein von den Pasdaran, den Bassidschi und einer allmächtigen Geheimpolizei kontrolliert. Jeglicher Widerstand und jeglicher Verstoß gegen die islamistischen Moralvorstellungen sowie Kleidungsvorschriften werden von den Scharia-Gerichten mit drakonischen Strafen geahndet. Für Konfessionswechsel gibt es nur eine, die Todesstrafe.

Der islamistische iranische Staat hat im Inneren einen absolut intoleranten und terroristischen Charakter und kann daher durchaus mit den faschistischen und sonstigen totalitären Staaten verglichen werden. Hinzu kommt der bereits von Khomeini gepredigte und von Ahmadinedschad fortgesetzte eliminatorische Antisemitismus.[113] Israel wird ein neuer, ein nuklearer Holocaust angedroht – und dies von einem Staat, der bald über Atomwaffen verfügt, wenn er sie nicht schon jetzt hat.

Fazit

Der islamistische Gottesstaat im Iran ist ohne Zweifel gefährlich und nicht zu tolerieren. Doch das darf uns nicht dazu verleiten, den Islam als islamistisch zu kennzeichnen oder gar zu bekämpfen. Islam ist von Islamismus zu unterscheiden. Gleichwohl gibt es fließende Übergänge. Die islamistischen Ideologien des Antisemitismus, Dschihadismus und der Scharia können nämlich mit einer fundamentalistischen Auslegung des Korans begründet werden. Sie wurden in den arabischen und osmanischen Großreichen verwirklicht, die deshalb einen islamisch-fundamentalistischen Charakter hatten. Doch darin ähnelten sie mehr den christlich-fundamentalistischen Reichen, als dass sie sich von ihnen unterschieden. Außerdem sind sie Geschichte. Nur in wenigen Ländern – an erster Stelle ist hier Saudi-Arabien zu nennen – gibt es noch islamistische Regime, die mit den alten islamisch-fundamentalistischen Reichen zu vergleichen sind. Von diesem ‚alten' ist der ‚neue Islamismus' zu unterscheiden, der im beginnenden 20. Jahrhundert als eine Reaktion auf den europäischen Kolonialismus und den arabischen Nationalismus entstanden ist. Er hat seinen Konkurrenten, den arabischen säkularen Nationalismus, verdrängt, in verschiedenen Ländern des Nahen und Mittleren Ostens die Macht ergriffen und Israel sowie der gesamten westlichen Welt den religiös motivierten Kampf angesagt. Daher ist er als gefährlich einzuschätzen und nicht zu tolerieren.

Das allgemeine Fazit dürfte klar sein: Der alte und neue islamische Fundamentalismus ist ohne Zweifel als gefährlich einzuschätzen. Doch das darf uns nicht dazu verleiten, die Gefahren zu unterschätzen, die von den anderen Formen und Varianten des Fundamentalismus in den anderen Weltreligionen ausgehen.

5. „Gusch Emunim“ Jüdischer Fundamentalismus in Israel

„Gusch Emunim“ heißt eine politisch-religiöse Organisation in Israel.[114] Sie hat einen fundamentalistischen Charakter. Darauf deutet schon ihr Name hin. Er bedeutet „Block der Getreuen“. Treu zu wem und wozu? Einmal zur Thora, dem heiligen Buch der Juden, das wörtlich gelesen und fundamentalistisch ausgelegt werden soll.[115] Mit der Berufung auf die heilige Thora wird jedoch auch das jüdische Volk geheiligt. Es sei keine Nation wie andere, sondern ein „heiliges Volk“, dem Gott eine besondere nicht nur religiöse, sondern auch politische Mission zuerkannt habe. Dies berechtige Israel, sich ganz Palästina anzueignen und zu einem „Groß Israel“ (Eretz Israel) zu machen, in dem allein die jüdischen Religionsgesetze gelten sollen. Mit dem Hinweis auf die jüdische Religion werden also politische Ziele Israels legitimiert. Das ist fundamentalistisch. Aber trifft das auch auf das Judentum generell zu? Wie fundamentalistisch war und ist es?[116]

Diese Fragen sind leicht gestellt, aber schwierig zu beantworten. „Das“ Judentum gibt es nämlich nicht. Es war und ist sowohl eine Religion als auch eine Nation – und beides hat sich im Laufe der Geschichte geändert. Dies soll im folgenden historischen Rückblick gezeigt werden. Wir beginnen mit dem, womit alles anfing: mit Moses und der Einwanderung der israelitischen Stämme in das Land „Kanaan“.[117]

Hirten und Herrscher

Bei den Angehörigen dieser israelitischen Stämme handelte es sich um Hirten, die mit ihren Herden umhergezogen waren, bevor sie sich auf dem Territorium des heutigen Israel und Palästina niederließen und sesshaft wurden. Dies aber erst, nachdem sie die meisten der hier zuvor ansässigen Völker besiegt und verdrängt hatten. Weder die nomadische und dann sesshafte Lebensweise noch die kriegerischen Aktivitäten waren ungewöhnlich. Neu und nicht gewöhnlich war jedoch, dass beides religiös begründet wurde. Sowohl die Landnahme wie die damit verbundenen Kämpfe gegen die Ureinwohner wurden als gerecht und gottgewollt ausgegeben – jedenfalls wird das in den fünf Büchern Mose so dargestellt. Doch ihnen ist wie anderen Geschichtsbüchern auch nicht immer zu trauen. Ob die Juden wirklich so viele Feinde erschlagen haben, dass ganze Völker ausgerottet worden sein sollen, wie dies in der Bibel nachzulesen ist, ist mehr als zweifelhaft.[118]

Sicher und historisch belegt ist aber, dass es den eingewanderten jüdischen Stämmen gelang, ihre Feinde zu besiegen und auf deren Territorium im 12. Jahrhundert v. Chr. einen kultisch-politischen Stammesbund zu bilden, in dem es keine Trennung von Politik und Religion gab und in dem nur ein Gott verehrt wurde. Das Judentum war die erste monotheistische Religion und die Juden waren das erste Volk, das sich von diesem Gott auserwählt fühlte. Beides wurde (und wird bis heute) mit einer fundamentalistischen Auslegung der (hebräischen) Bibel begründet.

Der jüdische Stammesbund wurde 1010 von Saul in ein jüdisches Königreich umgewandelt. Es wurde von David (1006–966) und schließlich von Salomo (966–926) regiert. Dies allein und noch nicht mithilfe einer Priesterschaft – denn die gab es noch nicht. In der modernen Forschung wird den alttestamentarischen Königen ein „nationalreligiöses Bewusstsein" zuerkannt, weshalb sie unter Verwendung der Begrifflichkeit von Max Weber als „charismatische Herrscher" bezeichnet werden.[119]

Nach Salomos Tod wurde das (gesamt-)jüdische Königreich in das Südreich Juda und das Nordreich Israel geteilt. Das Nordreich wurde 722 von Sargon II. von Assyrien erobert. Seine Bewohner wurden nach Mesopotamien umgesiedelt. Das Südreich Juda wurde 587 von Nebukadnezar vernichtet. Die überlebenden Juden wurden versklavt und nach Babylon verschleppt.

Propheten und Freiheitskämpfer

Hier, in der in der Bibel viel beklagten „babylonischen Gefangenschaft" konnten sie jedoch ihre religiöse und kulturelle Identität als

Juden nicht nur bewahren, sondern neu begründen. Dies mit und durch die sogenannten prophetischen Bücher Jesajas, Jeremias, Hesekiels, Daniels, Hoseas und anderer. Das Judentum war jetzt keine Stammesreligion mehr und konnte auch keine Staatsreligion mehr sein, weil es keinen jüdischen Staat mehr gab. Es war vielmehr zur ersten monotheistischen Religion mit einem universalistischen Anspruch geworden. Damit unterschied sich die jüdische von allen anderen damaligen Religionen. Denn diese waren alle noch polytheistisch und partikularistisch. Ihre Anhänger verehrten viele Götter und erwarteten das auch von den Angehörigen anderer Religionen. Die Juden konnten das nicht. Sie haben zwar auf die Verwirklichung des universalistischen Anspruchs ihrer Religion verzichtet, indem sie die Angehörigen anderer Religionen missionierten, durften aber selbst keine anderen Götter in welcher Form auch immer verehren. Das musste zu Konflikten führen.

Diese brachen jedoch nicht sofort aus. Den Juden wurde sogar vom Perserkönig Kyros II., der das neubabylonische Reich erobert hatte, gestattet, im Jahr 587 in ihre Heimat zurückzukehren und dort ihr gesellschaftliches Leben nach ihren religiösen Vorstellungen zu gestalten. Dies durch und unter Aufsicht von Priestern und Schriftgelehrten, welche die heiligen Schriften in den erst jetzt geschaffenen, Synagogen genannten, Lehrhäusern auslegten und die Einhaltung der religiösen Gesetze und Lehren überwachten. In der Zeit der persischen Herrschaft verfügten die Juden über Autonomie im religiösen und gesellschaftlichen Bereich.

Dies änderte sich in der hellenistischen Zeit, nachdem das persische Weltreich von Alexander dem Großen erobert und unter dessen Nachfolgern aufgeteilt worden war. Juda geriet unter die Herrschaft der Seleukiden. Sie erhöhten die Steuern und vergriffen sich bei ihrer Eintreibung auch am Jerusalemer Tempelschatz. Dies wurde von den Juden als religiöser Frevel angesehen und veranlasste sie zu einem – ersten – Aufstand, der jedoch sofort niedergeschlagen wurde.

Das stachelte jedoch den Widerstand der Juden erst richtig an. Allerdings keineswegs aller – viele waren nämlich inzwischen hellenisiert worden. Sie hatten die damalige griechische Weltsprache gelernt und griechische Verhaltensweisen übernommen. Dazu gehörte auch der Sport. Er wurde in neu angelegten Sportanlagen betrieben. Eines dieser sogenannten Gymnasien, in denen übrigens weitgehend nackte Jünglinge ihren sportiven Aktivitäten nachgingen, wurde auf dem Jerusalemer Tempelberg erbaut. Fromme Juden fanden das natürlich nicht gut. Noch mehr erregten sie sich darüber, dass einige ihrer Glaubensgenossen ihre Söhne nicht mehr beschneiden ließen. Das wollten sie nicht dulden. Einige Eiferer gingen dazu über, die so vom Glauben abgefallenen Juden wieder dem Judentum zuzuführen – dies durch ihre auch unter Zwang ausgeführte Beschneidung. Spätere christliche Historiker haben in diesen in der Tat problematischen und für die Betroffenen auch schmerzhaften Aktivitäten eine (Zwangs-)Missionierung sehen wollen und sie „den Juden" vorgeworfen.[120] Übersehen wurde und wird dabei, dass die Juden nicht wie die Christen missionieren und auch gar nicht missionieren müssen. Einen Missionsbefehl gibt es nur im Neuen und noch nicht im Alten Testament.

Doch genug davon. Der Streit über den Sinn und Nutzen von Beschneidungen und Gymnasien war ein nur innerjüdischer und hat die Juden auch nicht veranlasst, sich gegen die geistige und politische Herrschaft der griechischen Seleukiden zu erheben. Eigentliche Ursache des Makkabäer-Aufstands, der im Jahr 168 begann, war wiederum die Besteuerung der Juden. Sie wurde nicht nur als zu hoch empfunden, auch die Art und Weise, wie die Steuern eingetrieben wurden, veranlasste die Juden zum Widerstand. Die seleukidischen Finanzbeamten bestanden nämlich darauf, dass die Steuern nicht einfach gezahlt, sondern gewissermaßen geopfert werden mussten. Dies mit und durch eine religiöse Handlung, den sogenannten Opfertest. Als ein seleukidischer Beamter diesen Opfertest bei einem Juden durchführen wollte, wurde er daran von einem jüdischen Priester namens Mattathias gewaltsam gehindert. Dieser sicherlich fromme, aber keineswegs friedfertige Priester durchbohrte den armen Beamten mit einem Speer.

Mattathias' Speerwurf leitete den bereits erwähnten Makkabäer-Aufstand ein. Er war auch religiös motiviert und wurde mit äußerster Brutalität und Härte geführt. Dennoch oder gerade deshalb ist er in den Makkabäer-Büchern verherrlicht und als Gott wohlgefällig ausgegeben worden. Das kann man nicht gut finden. Die in den Makkabäer-Büchern zu findenden geradezu blutrünstigen Beschreibungen der verschiedenen Schlachten sind wirklich nichts für Pazifisten und sonstige Friedensfreunde, was die Christen immer sein wollten, aber häufig nicht waren. Die Makkabäer-Bücher waren den Christen auch immer, sagen wir es so, etwas peinlich. Die Protestanten haben sie sogar für apokryph (wörtlich: unecht) erklärt und nicht in den Kanon der biblischen Schriften aufgenommen.

Bei den Juden war und ist dies anders. Maßgebend dafür ist aber mehr die Verehrung der historischen Makkabäer. In ihnen erblicken auch viele eher weltlich eingestellte Juden ihr Vorbild. Deutlich wird dies an der Namensgebung von einigen jüdischen und israelischen Sportvereinen. Bestes und berühmtes Beispiel ist der Tel Aviver Basketball-Club „Makkabi".

Doch von der Gegenwart wieder zurück in die Geschichte. Sie ging für die Juden gut aus. Der Makkabäer-Aufstand war erfolgreich und führte zur Gründung des vorerst letzten jüdischen Staates. Gemeint ist das von 140 bis 37 v. Chr. bestehende Hasmonäerreich. Es hatte einen fundamentalistischen Charakter, weil der jeweilige, „Ethnarch" genannte, Fürst zugleich oberster Priester war.

Im Jahr 37 v. Chr. wurde Antigonos, der letzte Herrscher und Hohepriester aus dem Geschlecht der Hasmonäer, von König Herodes geschlagen und abgesetzt. Herodes, der übrigens kein Jude war, geriet in seiner von 37 v. bis 4 n. Chr. reichenden Regierungszeit aber immer mehr in die Abhängigkeit Roms. Die Kerngebiete des früheren jüdischen Reiches Judäa und Samaria waren schon im Jahr 63 in das Römische Reich integriert worden und wurden seit dem Jahr 6 n. Chr. von einem römischen Präfekten verwaltet. Sein Name war Pontius Pilatus.

Widerstand und Untergang

Pilatus hatte es von Anfang an mit einer Gruppe von jüdischen Widerstandskämpfern zu tun. Sie wurden „Zeloten" (wörtlich: Glaubenseiferer) genannt, weil sie ihren Widerstandskampf gegen Rom religiös begründeten. Zu diesen äußerst gewalttätigen politischen Fundamentalisten hat Pilatus auch den absolut friedfertigen und an sich nur an einer religiösen Reform des Judentums interessierten Jesus von Nazareth gezählt und ihn mit der Begründung hinrichten lassen, Jesus wolle der „König der Juden“ sein oder zumindest werden. Dieser Schuldspruch, der auch auf dem Kreuz angebracht wurde, an dem Jesus zu Tode gequält wurde, war falsch. Das von Jesus verkündete „Reich“ war und sollte nicht „von dieser Welt“ sein.

Jesus und seine Anhänger, die sich nach ihm, das heißt nach „Christos“ (= dem Gesalbten) Christen nannten, haben sich auch nicht an dem Befreiungskampf gegen Rom beteiligt. Das ist ihnen von ihren vormaligen Glaubens- und Volksgenossen auch verübelt worden. Noch mehr erregten sich die gesetzestreuen Juden darüber, dass die neue jüdische Sekte dazu überging, auch Nicht-Juden zu bekehren und zu (Heiden-)Christen zu machen. Sie verurteilten einige der für diesen Frevel verantwortlichen Christen zum Tode und ließen sie steinigen. Darunter Jakobus, der ein Bruder von Jesus war. Das war unrecht und für dieses Unrecht waren in der Tat Juden verantwortlich. Dass sie dafür und für ihre angebliche Zustimmung zur Ermordung von Jesus durch Pontius Pilatus bitter büßen mussten, indem sie von den Christen verfolgt wurden, stellt jedoch ein viel größeres Unrecht dar. Darauf wird noch einzugehen sein. Jetzt aber wieder zurück zum bereits erwähnten jüdischen Befreiungskampf.

Er wurde von jüdischer Seite mit Methoden geführt, die man durchaus als terroristisch bezeichnen kann. Ausgesprochene Terroristen waren einige Zeloten, die nach der bei ihren Terroranschlägen verwandten Waffe, einem „sicarius“ genannten Kurzschwert, als „Sikarier“ bezeichnet wurden. Die sich in ihrer nunmehr „Palästina“ genannten jüdischen Provinz häufenden Terroranschläge veranlassten die Römer zum militärischen Einschreiten. Gegen die rebellischen Juden wurde unter der persönlichen Leitung des Kaisers Vespasian und seines Sohnes Titus ein Krieg geführt. Er begann im Jahr 66 und schien vier Jahre später mit der Eroberung Jerusalems zu Ende zu sein. Der Tempel wurde zerstört und 100.000 Juden wurden gefangen genommen und zu Sklaven gemacht.

Doch dies hielt einige Zeloten nicht davon ab, gegen die eigentlich schon siegreichen Römer einen Partisanenkrieg zu führen. Sie mussten sich jedoch auf ihre Bergfeste Massada am Toten Meer zurückziehen. Massada wurde belagert, konnte jedoch erst im Jahr 74 von den Römern eingenommen werden, nachdem die letzten zelotischen Verteidiger sich und ihre Frauen und Kinder getötet hatten. Massada wurde zum Mythos und ist es bis heute geblieben. Allerdings handelt es sich mehr um einen nationalistischen als um einen fundamentalistischen Mythos.

Einen ebenfalls mehr nationalistischen als fundamentalistischen Charakter hatte auch ein weiterer jüdischer Aufstand. Er wurde von Bar Kochba im Jahr 132 angezettelt und weitete sich sofort zu einem (zweiten) jüdisch-römischen Krieg aus. Dies unter dem Slogan „Ein Gott, ein Volk, ein Tempel".[121] Dieser zweite jüdische Krieg endete drei Jahre später wie der erste mit der totalen Niederlage der Juden. Das Strafgericht der siegreichen und von Kaiser Hadrian angeführten Römer war diesmal noch schrecklicher. Alle am Aufstand beteiligten Juden wurden ermordet oder versklavt. Fast alle Juden wurden vertrieben. Den wenigen noch geduldeten Juden wurde die Ausübung ihrer Religion untersagt. Damit war die Geschichte des alten Israel endgültig zu Ende gegangen. Doch nicht die Geschichte des Judentums als Religion.

Rabbiner und Märtyrer

Das Judentum, das wir kennen oder zu kennen meinen, wird als rabbinisches Judentum bezeichnet. Seine Geschichte begann unmittelbar nach dem Bar-Kochba-Aufstand und seiner Niederschlagung durch die Römer. Begründet wurde sie durch den Rabbi Akiba. Dieser Rabbiner wollte das von den Römern verkündete Religionsverbot nicht hinnehmen und kam seinen religiösen Pflichten nach. Dafür wurde ihm zur Strafe bei lebendigem Leib die Haut mit einem eisernen Kamm abgezogen. Mit seinem letzten Atemhauch soll er noch die „Heiligung des göttlichen Namens" (Kiddusch Haschem) vorgenommen habe. Dies durch das Totengebet „Schma Israel". Rabbi Akiba wurde damit zum ersten jüdischen Märtyrer. Viele weitere sollten folgen. Einige haben sich ihrer Ermordung durch die Selbsttötung entzogen. Auch dies wurde als eine religiös begründete Handlung angesehen. Religiös motivierten Widerstandshandlungen wurde dagegen eine Absage erteilt.

Generell wurde das Judentum nicht mehr für politische Zwecke instrumentalisiert. Es war somit nicht mehr fundamentalistisch im politischen Sinne, regelte aber nach wie vor das gesamte Alltagsleben. Die Juden blieben in der Diaspora gläubige Juden.[122] Sie hatten sich zwar in politischer, sozialer und auch sprachlicher Hinsicht an ihre nunmehr christlich gewordene Umgebung angepasst, weigerten sich aber weiterhin standhaft, ihren Glauben aufzugeben und zum christlichen zu konvertieren. Das änderte sich auch dann nicht, als es während des ersten Kreuzzuges zu einer ersten Verfolgungswelle kam, der weitere folgen sollten. Nicht alle, aber die meisten waren von christlich-fundamentalistischen, antisemitischen Ideologien geprägt. Die christlichen Täter und nicht die jüdischen Opfer waren Fundamentalisten im politischen Sinne. Doch das hat die Juden wiederum bewogen, unbeirrt an ihrem religiösen Fundamentalismus festzuhalten. Das rabbinische Judentum selbst wurde zwar von vielen gelehrten Rabbinern weiterentwickelt, aber niemals in seinen Grundzügen so reformiert, wie dies Luther mit dem katholischen Christentum getan hat.

Reform und Assimilation

Erst im ausgehenden 18. Jahrhundert begann eine Art Reform des Judentums. Eingeleitet wurde sie von Moses Mendelssohn, der von den Gedanken der europäischen Aufklärung beeinflusst war und sie durch eine jüdische Variante ergänzte. Die jüdische Aufklärung wird Haskala genannt. Wie die christlichen forderten auch die jüdischen Aufklärer eine Trennung von Politik und Religion. Die Juden sollten sich nur noch als Anhänger einer Religion und nicht mehr als Angehörige eines (jüdischen) Volkes begreifen. Sie würden auch nicht in absehbarer Zeit, sondern erst bei der Ankunft des Messias in das Gelobte Land zurückkehren. Im Hier und Jetzt sollten sie sich zu dem bekennen, was sie faktisch geworden waren – zu Angehörigen der europäischen Nationen, die sich nur im Hinblick auf ihre Religion von ihren sonstigen Landsleuten unterschieden und unterscheiden lassen wollten.

Der Prozess der Akkulturation und Assimilation, der schon lange vor der Verkündung der rechtlichen Emanzipation der westeuropäischen Juden begann, um danach seine Vollendung zu erfahren, führte dazu, dass aus Juden in Deutschland, England, Frankreich etc. entsprechend deutsche, englische, französische Juden wurden.

Das Bekenntnis der akkulturierten und assimilierten Juden zu ihrer jeweiligen nicht jüdischen, sondern deutschen, englischen, französischen Nation wurde aber von vielen ihrer Landsleute nicht anerkannt und akzeptiert. Für sie blieben die Juden das, was sie immer gewesen waren: Juden, die sie aus religiösen, sozialen und bald auch aus rassistischen Gründen hassten. Die Assimilation der Juden führte nicht wie gehofft zu einer Überwindung, sondern ganz im Gegenteil zu einer Radikalisierung des Antisemitismus, der zudem keineswegs mehr nur von den unteren, ungebildeten, sondern auch, ja gerade von den gebildeten Mittel- und Oberschichten vertreten wurde.[123]

Die meisten der deutschen, englischen, französischen Juden reagierten darauf, in dem sie trotzig und unbeirrt an ihrem Selbstverständnis als Deutsche, Engländer, Franzosen etc. jüdischen Glaubens festhielten. Einige andere besannen sich dagegen wieder auf ihre religiöse Identität als, wie sie jetzt genannt wurden, orthodoxe Juden. Eine dritte Gruppe bekannte sich dagegen zu ihrer jüdischen Nationalität. Diese musste aber erst – wie andere Nationalitäten auch – erfunden werden. Das geschah durch einige jüdische Nationalisten, die von ihren Anhängern und Gegnern als Zionisten bezeichnet wurden.[124] Wer waren sie?

Zionisten und Fundamentalisten

Der erste Zionist war nicht, wie häufig behauptet wird, Theodor Herzl (1860–1904), sondern Moses Heß (1812–1875). Dass der 1812 als Sohn eines Zuckerfabrikanten in Bonn geborene Heß zum Begründer und gewissermaßen Erfinder des jüdischen Nationalismus werden sollte, kam unerwartet. Begonnen hat Heß seine politische Laufbahn nämlich als Sozialist – dies als Kampfgefährte von Marx und Engels, die ihn übrigens mit dem ihnen eigenen und häufig etwas galligen Spott als „Kommunistenrabbi“ zu titulieren pflegten. Doch das scheint Heß hingenommen zu haben. Auf seine Kritik stieß dagegen die Einschätzung der jüdischen Frage durch Marx und Engels. Denn die war für Marx, Engels und alle anderen marxistischen Klassiker gar keine wirklich wichtige Frage. Sie werde zudem nach und durch die soziale Revolution gelöst werden. Dann sei die jüdische wie jede andere Religion nicht mehr nötig, weshalb sie ohne Weiteres abgeschafft werden könnte. Moses Heß bezweifelte das. Die jüdische sei nämlich keine nur religiöse, sondern auch eine nationale Frage, die nur durch die Schaffung eines jüdischen Nationalstaates gelöst werden könne.

Diesen damals völlig neuartigen Gedanken führte er 1862 in seinem Buch „Rom und Jerusalem" weiter aus.[125] Wie Rom die Hauptstadt des sich gerade bildenden italienischen Nationalstaates sei, müsse Jerusalem die Hauptstadt eines jüdischen Nationalstaates werden, argumentierte Heß. Jerusalem war aber eben nicht wie Rom. Jerusalem hatte einen heiligen Charakter. Dies keineswegs nur für Christen und Muslime, sondern natürlich auch für Juden, die immer noch daran glaubten und dafür beteten, eines Tages nach Jerusalem und Israel zurückkehren zu können. Doch dies werde, so meinten jedenfalls die frommen Juden, erst dann der Fall sein, wenn der verheißene Messias endlich käme. Diese messianischen Vorstellungen waren Moses Heß selbstverständlich bekannt. Er hat sie auch keineswegs abgelehnt, sondern sie ganz im Gegenteil für sein weltliches nationales Ziel instrumentalisiert. Dies verlieh dem von ihm vertretenen, aber noch nicht so genannten Zionismus eine gewisse fundamentalistische Färbung.

Bei Leon Pinsker (1821–1891), dem nach Heß zweiten Zionisten, war dies nicht der Fall. Er hat in seinem 1882 veröffentlichten Buch über „Autoemanzipation" die Errichtung eines gänzlich säkularen jüdischen Staates propagiert.[126] Nur so könnten die Juden dem überall und vor allem in seiner russischen Heimat grassierenden Antisemitismus entgehen. Doch wo dieser jüdische Staat gegründet werden sollte, sagte Pinsker nicht. Palästina musste es nicht zwangsläufig sein. Die, wie Pinsker sie nannte, „Autoemanzipation" der Juden sei ohnehin wichtiger – gemeint war die Begründung eines modernen jüdischen Nationalgefühls. Das wurde sowohl von den assimilierten westeuropäischen Juden wie von den meisten orthodoxen Juden in Osteuropa abgelehnt, doch keineswegs von allen. Einige russische und rumänische Juden begannen sogar, Pinskers Vorstellungen in die Realität umzusetzen. 1883 und damit nur ein Jahr nach Erscheinen seines Buchs gründeten sie einen Verein.

Er wurde „Verein der Zionsfreunde" (Chowewe Zion) genannt und unterstützte die ersten jüdischen Einwanderer mit für diesen Zweck gesammelten Geldern.

Für Ascher Ginzburg (1856–1927), der sich den hebräischen Namen Achad Haam (= einer aus dem Volk) gab, ging das alles viel zu schnell. Nicht das Land müsse auf die Juden vorbereitet werden, die Juden müssten sich auf das Land vorbereiten. Dies durch eine Erneuerung ihrer (hebräischen) Sprache und Kultur. Erst dann könne man eine Staatsgründung denken. Die Verwirklichung dieses Endziels liege aber in weiter Ferne.

Theodor Herzl (1860–1904) war völlig anderer Ansicht.[127] Ohne Staat könne es keine jüdische Nation geben. Die jüdische müsse nicht irgendwann, sondern hier und jetzt zu einer Staatsnation wie andere auch werden. Diese zündende und, wie wir wissen, schließlich auch erfolgreiche Idee war dem 1860 in Budapest geborenen und in Wien aufgewachsenen Sohn einer völlig assimilierten jüdischen Familie aber nicht sofort gekommen. Erst als Herzl selbst als Mitglied einer Wiener Burschenschaft mit dem Antisemitismus seiner Bundesbrüder konfrontiert worden war, zweifelte er daran, ob der auch von ihm eingeschlagene Weg der Assimilation der richtige sei – habe die Assimilation der Juden doch den Antisemitismus der Nicht-Juden nicht verhindert, sondern noch gestärkt.

Es schockierte ihn, dass der Antisemitismus auch im aufgeklärten Frankreich, das als erstes europäisches Land die Juden emanzipiert hatte, um sich griff. Dies musste Herzl gewissermaßen hautnah erfahren, als er 1896 in Paris Zeuge der antisemitischen Unruhen wurde, die anlässlich des Dreyfus-Prozesses ausbrachen. Wenn so etwas auch in Frankreich möglich sei, dann sei es überall möglich, meinte Herzl. Der Antisemitismus sei nicht mehr zu überwinden und das Konzept der Assimilation sei auf der ganzen Linie gescheitert. Herzl brachte diesen Gedanken sogleich zu Papier. In wenigen Wochen schrieb er noch im Jahr 1896 sein Geschichte machendes Buch „Der Judenstaat. Versuch einer modernen Lösung der Judenfrage".[128]

Im ersten Teil dieses Buches führte Herzl näher aus, dass und warum die Assimilation gescheitert und der Antisemitismus unüberwindlich sei. Die Juden könnten nicht in anderen Völkern aufgehen, weil sie weiterhin als Fremde angesehen und von einem unüberwindlichen Antisemitismus bedroht würden. Diesen Antisemitismus gebe es überall: „Judennot ist, wo Juden sind." Die Juden würden aber immer noch eine Nation sein. Die „jüdische Frage" sei daher ein nationales Problem, das nur mit politischen Mitteln gelöst werden könne. Dazu sei die Errichtung eines jüdischen Nationalstaats notwendig. Wo dies genau geschehen könne, sagte Herzl zunächst noch nicht. Er stellte aber fest, dass Palästina als „unvergeßliche historische Heimat (...) ein gewaltig ergreifender Sammelruf" für sein Volk sei.

Im zweiten Teil seines Buches entwarf Herzl ein schon sehr detailliertes Bild des neuen Judenstaates. Er sollte einen säkularen Charakter haben, demokratisch regiert werden und tolerant gegenüber allen Andersgläubigen sein – dies aber vornehmlich gegenüber den Christen, zu den Muslimen hat sich Herzl kaum geäußert. Die Sprachenfrage sollte nach dem Vorbild der Schweiz durch einen „Sprachenföderalismus" gelöst werden. Insgesamt handelte es sich um eine Art Idealstaat bzw. um eine Utopie. Diesen utopischen Charakter hat Herzl selbst dann in seinem utopischen Roman „Altneuland" weiter ausgeführt und in wirklich wunderschöner, aber auch etwas naiver Weise beschrieben.[129] Einige zeitgenössische Spötter, und zwar jüdische, meinten, dass Herzls „Judenstaat" an ein Wiener Kaffeehaus erinnere, in dem es aber keine Antisemiten mehr gebe.

Doch wichtiger als seine blumige Beschreibung waren die politischen Hinweise, wie dieser Judenstaat zu errichten sei. Nämlich durch Verhandlungen mit führenden Politikern und weiteren einflussreichen Persönlichkeiten in Europa und im Orient. Herzl meinte, dass vor allem die europäischen Staatsmänner seinem Projekt gegenüber aufgeschlossen sein würden, weil der künftige Judenstaat so etwas wie einen „Wall" gegen die „asiatische Barbarei" bilden würde, da er mit Europa in Verbindung bleiben werde.

Herzls Schrift rief ein breites publizistisches Echo hervor und machte ihn mit einem Schlag bekannt. Herzl nutzte dies aus und führte Verhandlungen mit Kaiser Wilhelm II., dem Sultan des Osmanischen Reiches, dem italienischen König, dem russischen Innenminister und selbst mit dem Papst. Sie blieben zwar letztlich ergebnislos, erhöhten aber Herzls Popularität unter den Juden verschiedener europäischer Staaten.

1897 rief Herzl den ersten Zionistischen Kongress nach Basel ein. An ihm nahmen 200 Delegierte teil. Auf dem Baseler Kongress wurde eine staatsähnliche Organisation gebildet, die aus einem ‚Parlament', dem jährlich tagenden Kongress (auf dem seit dem 2. Kongress auch Frauen Stimmrecht hatten) sowie einem Präsidenten – natürlich Herzl selbst – bestand. Außerdem wurde ein staatliches Programm verabschiedet, das die „Schaffung einer öffentlichrechtlich gesicherten Heimstätte in Palästina" als Ziel angab. Zu seiner Verwirklichung wurde Folgendes beschlossen:

„1. Die zweckdienliche Förderung der Besiedlung Palästinas mit jüdischen Ackerbauern, Handwerkern und Gewerbetreibenden; 2. Die Gliederung und Zusammenfassung der gesamten Judenschaft durch geeignete örtliche und allgemeine Veranstaltungen; 3. Die Stärkung des jüdischen Volksgefühles und Volksbewußtseins; 4. Vorbereitende Schritte zur Erlangung der Regierungszustimmungen, die nötig sind, um das Ziel des Zionismus zu erreichen."[130]

Herzl selbst setzte bis zu seinem frühen Tod im Jahr 1904 seine politischen und diplomatischen Verhandlungen mit verschiedenen europäischen Regierungen und vor allem mit dem Sultan des Osmanischen Reiches fort. Von ihm wollte er eine „Charta" bzw. Erlaubnis zur Besiedlung Palästinas bekommen. Dies sollte durch Geld erreicht werden; dabei war von 23 Millionen Pfund die Rede. Um diese schon fast utopische Summe aufzubringen, rief Herzl verschiedene Banken und Kolonisationsgesellschaften ins Leben. So 1899 die „Jüdische Kolonialbank" und die „Anglo-Palestine-Company" und schließlich 1901 den „Jüdischen Nationalfonds", der außerdem noch Land in Palästina aufkaufen sollte.

Doch alle Hoffnungen, vom Sultan die erwünschte „Charta" zu bekommen, erfüllten sich schließlich nicht. Durch die neuen antisemitischen Pogrome in Russland fühlte sich Herzl zum Handeln gedrängt. Er nahm das sehr vage gehaltene britische Angebot einer jüdischen Koloniegründung im afrikanischen Uganda an. Doch dies wurde auf dem 6. Zionistenkongress 1903 in Basel heftig kritisiert, was auch Herzl bewog, den Ugandaplan wieder zu verwerfen. Der „Judenstaat" konnte und sollte nur in Palästina errichtet werden. Und so kam es dann auch – allerdings erst nach dem Holocaust.

Dieser hat viele, aber keineswegs alle assimilierten Juden davon überzeugt, dass die Errichtung eines Judenstaats absolut notwendig war, weil nur ein solcher Schutz vor einem neuen Holocaust biete. Daher haben sie die Gründung Israels begrüßt und zeigten sich bereit, den neuen Staat bedingungslos zu unterstützen. Bei den orthodoxen Juden war dies anders. Viele von ihnen haben die Gründung Israels abgelehnt. Dies geschah aus religiösen Gründen: Erst wenn der geweissagte Messias gekommen sei, sei die Rückkehr in das „Gelobte Land" möglich und legitim – meinten sie. Dies unter Hinweis auf die Heilige Schrift, die fundamentalistisch ausgelegt wurde. Aus ebenfalls religiösen Gründen abgelehnt wurden auch Gestalt und Struktur des israelischen Staates. Denn dabei handelte es sich um einen säkularen Nationalstaat.[131] Es musste daher zum Konflikt kommen.

Fundamentalismus und Zionismus in Israel

Der Konflikt zwischen Fundamentalismus und Zionismus brach aber nicht sofort aus. Dafür sorgten die Zionisten. Denn sie hatten einen säkularen Staat gegründet und haben ihn auch lange Zeit regiert. Die ersten Ministerpräsidenten Israels gehörten zwar alle zur linkszionistischen „Mapai" (= Arbeiterpartei), dennoch haben sie es zugelassen, dass es in Israel nicht zu der von Herzl geplanten Trennung von Staat und Synagoge gekommen ist. Dies geschah auch aus wahltaktischen Gründen. Die Mapai meinte nämlich, Rücksicht auf ihre religiös eingestellten Wähler nehmen zu müssen. Zugegeben hat sie dies in einer Wahlplattform aus dem Jahr 1959, in der es hieß: „Die Mapai weist sowohl die Trennung der Religion vom Staat als auch jedweden Zwang in religiösen Angelegenheiten zurück. Jeder Versuch, die Religion durch Gesetz aufzuzwingen oder vollständig vom Staat durch Gesetz zu trennen, wäre für den Bruch der Einheit des Judentums in Israel und der ganzen Welt verantwortlich."[132]

Unter dem Druck der religiösen Partei(en), mit denen die Mapai Koalitionen einging, wurde zudem die Macht der Synagoge zulasten des Staates gestärkt. Dafür nur einige Beispiele: Anders als in allen anderen säkularen Staaten gibt es in Israel keine Standesämter.

Alle Personenstandsangelegenheiten wie die Beurkundung von Geburt und Tod, Heirat und Scheidung etc. werden von Rabbinatsgerichten geregelt. Sie sind zudem immer mehr von orthodoxen Rabbinern besetzt worden, die keinen Hehl aus ihrer fundamentalistischen Überzeugung machen. Leidtragende sind Israelis, die von liberaleren Rabbinern getraut worden sind oder gar ohne synagogalen Segen geheiratet haben, was bis heute nur im Ausland möglich ist. Ihre Ehen werden nicht anerkannt. Die aus diesen Ehen hervorgegangenen Kinder gelten als, so wörtlich „Bastarde".

Ein weiteres und ebenfalls problematisches Beispiel für die Macht der Synagoge in diesem formal säkularen Staat ist ihr Einfluss auf das Schulwesen. Seit dem Erziehungsgesetz von 1953 gibt es neben weltlichen Staatsschulen auch religiöse Privatschulen, die aber vom Staat alimentiert werden. Hinzu kommen noch die traditionellen orthodoxen Thora-Schulen. Sowohl in den religiösen Privat- als auch in den staatlichen Schulen ist seit 1957 Religion Pflichtfach. Es heißt „Jahdut", was man in etwa mit Judentum übersetzen kann. Die israelischen Religionslehrer werden wie die Rabbiner in religiösen Hochschulen ausgebildet. Die bedeutendste ist die Bar-Ilan-Universität, die neben Religion alle anderen universitären Fächer anbietet, sie aber im religiös-fundamentalistischen Geist lehrt.

Die Religiösen konnten ihren Einfluss auch in anderen gesellschaftspolitischen Bereichen ausüben und weiter ausbauen. Dies selbst bei der in Israel so wichtigen und immer wichtiger gewordenen Armee, in der auch Rabbiner tätig sein dürfen. Beides war von Herzl nicht gewollt. Sollten doch in seinem „Judenstaat" die Offiziere in den Kasernen und die Rabbiner in den Synagogen bleiben. Dass zunächst verheiratete Frauen und dann auch alle israelischen Staatsbürger vom Wehrdienst befreit wurden, wenn sie dafür religiöse Gründe vorbrachten, wird Herzl ebenfalls mit Kopfschütteln zur Kenntnis genommen haben. Scharf kritisiert hätte Herzl auch, dass im israelischen Alltagsleben verschiedene religiöse Gebote und Pflichten eingehalten werden müssen. Dazu gehören die Beachtung der Sabbatruhe und die Befolgung der Speisevorschriften in allen öffentlichen Einrichtungen und selbst privaten Restaurants.

Nun werden derartige Bestimmungen in Städten wie Haifa und Tel Aviv nicht immer beachtet, wo man auch am Sabbat die öffentlichen Verkehrsmittel benutzen und in Restaurants auch nicht koschere Speisen essen kann, doch das sind immer noch Ausnahmen von der allgemeinen fundamentalistischen Regel. In Israel ist es ohne Zweifel zu einem schleichenden Prozess der Fundamentalisierung der gesamten Gesellschaft gekommen. Er ist erst in den letzten Jahren von Angehörigen der jüngeren Generation und im Zuge der letzten Einwanderungswellen infrage gestellt worden.

Andererseits scheinen gerade viele jüngere Israelis und Einwanderer aus der vormaligen Sowjetunion die Fundamentalisierung der israelischen Außenpolitik zu begrüßen. Gemeint ist die Weigerung, der Gründung eines palästinensischen Staates zuzustimmen und zu seinen Gunsten auf verschiedene Territorien zu verzichten, die in den Kriegen erobert und besetzt worden sind. Denn dies und die generell immer intransingenter gewordene Haltung Israels in der Palästina-Frage ist auch fundamentalistisch begründet.[133] Man will auf Jerusalem und weitere in der Bibel erwähnte Gebiete des alten Israel nicht verzichten, weil sie als heilig gelten und weil man meint, auf sie einen geheiligten Anspruch zu haben.

Derartige fundamentalistische Gedanken waren jedoch nicht nur Herzl und den Zionisten, sondern auch den ersten israelischen Politikern und Generälen fremd. Der Unabhängigkeitskrieg und alle weiteren Kriege sind als nationale (Verteidigungs-)Kriege geführt und auch so, das heißt mit nationalen und eben nicht fundamentalistischen Ideologien, begründet worden. Ob sie damit jedoch einen besseren, ja gerechten Charakter erhalten haben, ist natürlich auch zu bezweifeln.[134] Auf jeden Fall handelte es sich aber nicht um „heilige Kriege“, wie sie Israel stets von islamisch-fundamentalistischer Seite aus angedroht worden sind.[135]

Auch die Besetzung der palästinensischen Territorien und die Vertreibung vieler ihrer palästinensischen Bewohner wurden mit weltlichen, genauer nationalistischen, militärischen und strategischen Überlegungen begründet. Aus den gleichen nüchternen politischen Kalkülen hat man auch darauf verzichtet, alle eroberten und besetzten Territorien sofort und vollständig zu besiedeln. Dies stieß jedoch auf die Kritik einiger besonders nationalistischer Zionisten. Ihr schlossen sich auch einige Fundamentalisten an. Aus den bis dato verfeindeten Fundamentalisten und Zionisten entstand die neue Bewegung der, wie sie allgemein und pauschal genannt wird, „Siedler“.

Viele und immer mehr Angehörige der Siedler-Bewegung beließen es nicht bei der politischen Kritik, sondern schritten zur Tat, indem sie in den besetzten Gebieten, die formal nicht zum israelischen Staat gehörten, neue Siedlungen gründeten. Dabei handelte es sich zunächst um „wilde", das heißt nicht vom Staat anerkannte und gebilligte Siedlungen. Dennoch wurde ihre Existenz toleriert. Die Siedler selbst wurden sogar von der Armee gegen Übergriffe der Palästinenser geschützt. Die damit erreichte schleichende Landnahme war jedoch der gesamten Siedler-Bewegung nicht genug. Sie forderte noch mehr Land von den Palästinensern und noch mehr politische, militärische und vor allem auch finanzielle Unterstützung seitens des israelischen Staates – und dieser kam der Forderung nach. Dies war schon in der Regierungszeit der Mapai der Fall und verstärkte sich noch, als der rechte Wahlblock der Likud 1977 zur Macht kam. Sowohl die Mapai als auch der Likud wurden dabei von den Fundamentalisten unter Druck gesetzt und zu weiteren Zugeständnissen gezwungen. Als besonders radikal gebärdete sich dabei der eingangs bereits erwähnte Gusch Emunim. Seine Geschichte ist es daher wert, hier kurz erzählt zu werden.

Alles begann im April 1968 mit einem als privat ausgegebenen Pessachfest, das von dem Rabbiner Moshe Lewinger in Hebron veranstaltet wurde. Gegen das Pessachfest wäre nichts einzuwenden gewesen, wenn es nicht ausgerechnet in Hebron stattgefunden hätte. Hebron ist zwar eine relativ kleine Stadt, die aber sowohl für Juden als auch für Muslime einen heiligen Charakter hat. Sie liegt auf der sogenannten Westbank und gehört nicht zum israelischen Staat, sondern zum palästinensischen Gebiet, das zu jener Zeit von Israel besetzt worden war, damals jedoch noch ausschließlich von Palästinensern bewohnt wurde. Dies wollten Lewinger und seine Gefolgsleute nicht hinnehmen. Unmittelbar nach dem erwähnten Pessachfest in Hebron gründeten sie hier eine neue „Kirjat Arba" genannte Siedlung. Ihre Existenz wurde, wie die der weiteren wilden Siedlungen auf der Westbank, von der israelischen Regierung toleriert. Von den Fundamentalisten wurde dies naturgemäß als Erfolg gefeiert und stachelte sie dazu an, weitere zu erringen. Zu diesem Zweck und Ziel rief der ultraorthodoxe Rabbiner Zwi Jehuda Kook 1974 den „Block der Getreuen" ins Leben. Wie zu Beginn schon erwähnt, verfolgt er das Ziel, alle von Israel besetzten

Gebiete dem israelischen Staatsverband einzugliedern und Israel selbst zu einem „Groß Israel“ (Eretz Israel) zu machen. Dieses politische Ziel wird mit religiösen Motiven begründet. Damit wird dem säkularen Zionismus der ideologische Kampf angesagt. Ein Ideologe des Gusch Emunim, der Rabbiner Yehuda Amital, hat dies mit folgenden Worten begründet:

„Dieser Zionismus versucht nicht, die Probleme der Juden dadurch zu lösen, dass er einen jüdischen Staat gründet, er ist vielmehr ein Instrument des Allmächtigen, der das Volk Israel auf seine Erlösung vorbereitet. Die Besiedlung von Eretz Israel durch das Einsammeln seiner Söhne, die Begrünung seiner Wüsten und die Errichtung jüdischer Unabhängigkeit innerhalb des Landes sind nur Schritte in diesem Prozess der Erlösung. Das Ziel dieses Prozesses ist nicht die Normalisierung des Volkes Israel – eine Nation wie alle anderen Nationen zu sein –, sondern ein heiliges Volk zu sein, Volk eines lebendigen Gottes.“[136]

Besser oder schlimmer kann man die Ideologie des jüdischen Fundamentalismus kaum ausdrücken. Es gibt jedoch noch schlimmere Beispiele. So wurde die ausgerechnet von dem rechten Zionisten Menachem Begin begonnene Verständigungspolitik mit den Palästinensern von einem weiteren Angehörigen des „Blocks der Getreuen“ namens Chaim Peles mit der folgenden fundamentalistischen Begründung abgelehnt:

„Der Grund für das Verbot, einen Pakt der Freundschaft und Liebe mit den Gojim zu schließen, liegt darin, dass wir nicht zu sehr mit ihnen fraternisieren sollten, um nicht ihre Lebensweise zu übernehmen. Das Volk Israel ist gegenwärtig in einem solchen Stadium, dass ein formeller Frieden mit den Arabern die Assimilation großer Teile unseres Volkes in die semitische Region mit sich bringen wird. Folglich können wir in dem Zustand des Krieges zwischen uns und den Arabern die Hand der göttlichen Vorsehung sehen, die dafür sorgt, dass die Integrität des Volkes erhalten bleibt.“[137]

Der Rabbiner Ephraim Zemmel wollte gar im Nahostkonflikt die „Konfrontation zwischen Gut und Böse in der Welt des Jenseits und im Streben des Teufels, unsere Heilige Schrift zu zerstören“ sehen.[138] In einem von Studenten der Bar-Ilan-Universität 1980 mit der Überschrift „Das Gebot der Thora zum Völkermord“ versehenen Artikel meinte der an dieser Universität lehrende Rabbiner

Israel Hess: „Gott persönlich schreitet in diesem Krieg aus religiöser Verpflichtung gegen die Amalekiter ein und erklärt einen Gegen-Jihad gegen sie."[139]

Diesen Worten, die übrigens alle nicht aus dem Werk eines palästinensischen, sondern vielmehr eines israelischen Autors zitiert worden sind, folgten Taten. Im Mai 1984 wurden 27 Siedler und Mitglieder der Gusch Emunim im letzten Moment vom israelischen Geheimdienst daran gehindert, einen Mordanschlag auf fünf arabische Busse in Jerusalem zu verüben. 1994 veranstaltete Baruch Goldstein das unrühmlich bekannte Massaker in Hebron. Es wurde von den Ultraorthodoxen ausdrücklich gerechtfertigt. Goldsteins Grab in Kirjat Arba wurde zur Gedenkstätte und zum Ort von Pilgerfahrten.

Auch weitere geplante und durchgeführte Anschläge auf Araber wurden von verschiedenen Rabbinern mit religiösen Argumenten gerechtfertigt. Andererseits wurde israelischen Soldaten ebenfalls mit religiösen Argumenten untersagt, illegale Siedlungen zu räumen. Der Regierung unter Rabin, die diese Räumungen angeordnet hatte, wurde der religiös motivierte Kampf angesagt. Dies auch von Professoren und Studenten der Bar-Ilan-Universität. Ein Angehöriger dieser Universität namens Jigal Amir hat dann am 4. November 1995 Jitzschak Rabin ermordet.

Dieser Mord rief in der ganzen Welt Entsetzen hervor – auch in Israel. Dennoch hat das den Vormarsch der Fundamentalisten nicht gestoppt. Bei den Parlamentswahlen von 1996 gewannen die ultraorthodoxen Parteien 14, Schass 10 und die Nationalreligiöse Partei 9 Sitze.[140] Bei den folgenden Wahlen haben die Nationalreligiösen noch größere Erfolge erzielt. Sie haben in allen weiteren Regierungen bis hin zu der jetzigen unter Netanjahu Schlüsselpositionen eingenommen. Das wird von den oppositionellen Parteien, insbesondere von der schon fast bedeutungslos gewordenen Arbeiterpartei, klaglos hingenommen. Die Kritiker der schleichenden Fundamentalisierung des eigentlich säkularen israelischen Staates werden weniger.[141] Zu den wenigen Ausnahmen gehört der bereits mehrfach erwähnte Amnon Rubinstein, der übrigens selbst ein überzeugter Zionist ist. Er befürchtet, dass das „Bündnis zwischen dem Gusch Emunim und großen Teilen der säkularen Öffentlichkeit"[142] nicht nur den Frieden, sondern auch die Existenz Israels gefährdet.

Fazit

Das Fazit ist kritisch, aber nicht antizionistisch oder gar antisemitisch. Nicht der Zionismus oder gar das gesamte Judentum sind das Problem, sondern vielmehr der jüdische Fundamentalismus. Er stellt eine Gefahr für die Existenz Israels und den Frieden in der gesamten Welt dar. Denn sie kann in einen Krieg verwickelt werden, den Israel gegen seine islamisch-fundamentalistisch gewordenen Nachbarstaaten[143] führen könnte, wenn der politische Einfluss und die Macht des jüdischen Fundamentalismus in Israel noch gesteigert werden sollte. Das wäre ein Krieg der Fundamentalismen, der noch schrecklicher sein könnte als der von Huntington prophezeite „Kampf der Kulturen" – wohlgemerkt „könnte", denn noch ist alles im Konjunktiv gehalten; und Historiker sollten im Indikativ schreiben und sich vor irgendwelchen Prophezeiungen hüten. Sie sind und sollten keine Propheten sein.

6. „Bharatiya Janata" Hinduistischer Fundamentalismus in Indien

„Bharatiya Janata Party" (BJP) heißt die Indische Volkspartei. Sie vertritt eine fundamentalistische Zielsetzung, durch die sie den Bestand und inneren Zusammenhalt des indischen Staates bedroht. Denn dieser versteht sich seit seiner Gründung im Jahr 1947 als säkular. In seiner Verfassung wird „allen Bürgern, unabhängig von Religion, Rasse, Kaste, Geschlecht und Geburtsort" die „Gleichheit vor dem Gesetz" zugesichert.[144] Das will die BJP ändern. Dabei beruft sie sich auf die hinduistische Religion. Genauer gesagt auf eine hinduistisch-nationalistische Ideologie.[145] Sie wird als Hinduismus bezeichnet. Das ist sehr verwirrend und eigentlich sogar falsch. Muss doch zwischen dem politisierten Hinduismus und dem Hinduismus als Glaubensgemeinschaft differenziert werden.[146] Fundamentalistisch ist nur der politisierte, nicht der religiöse Hinduismus.[147]

Religiöser und politischer Hinduismus

Der (religiöse) Hinduismus hat einen universalistischen Charakter.[148] Jeder kann Hindu werden, doch keiner muss es werden. Der Hinduismus kennt keinen Missionsbefehl oder gar Missionszwang. Der Gedanke eines „Heiligen Krieges" ist ihm völlig fremd. In den heiligen Büchern der Hinduisten – den Veden und den sie kommentierenden Upanischaden – ist davon an keiner Stelle die Rede. Irgendwelche Missionsbefehle oder gar Aufrufe zu einem „Heiligen Krieg" – sei es „Kreuzzug" oder „Dschihad" – können auch von keiner Person oder Institution ausgesprochen werden. Denn so etwas wie einen Papst oder eine Kirche gibt es im Hinduismus nicht.

Generell ist das Verhältnis des Hinduismus zu anderen Religionen von einer gewissen Gleichgültigkeit geprägt. Für Hindus sind der christliche Gott (samt Sohn und „Jungfrau Maria") und der islamische Allah Götter wie andere auch, die sie wie ihre eigenen Götter abbilden und verehren können. Dieser Pragmatismus der auf den ersten Blick polytheistischen Religion ist aber nicht mit religiöser Toleranz zu verwechseln. Die von den Hindus verehrten Götter – die wichtigsten sind „Brahma“, der Schöpfer, „Vischnu“, der Welterhalter und „Schiva“, der Zerstörer – sind nämlich Manifestationen eines „Dharma“ genannten „kosmischen Gesetzes, das hinter allem steht und alles regelt“.[149]

Das gilt auch für die politische und soziale Ordnung im Hier und Jetzt. Sie wird vom Kastenwesen geprägt. Dabei handelt es sich um ein religiös begründetes soziales System, in das jeder hineingeboren ist und das zugleich durch das göttliche Gesetz – Dharma – auf alle Zeiten festgelegt ist. Der Aufteilung in und der Trennung der Kasten liegt der „Gedanke der Reinheit“ zugrunde. Durch den Kontakt mit den Angehörigen einer niederen Kaste wird der Angehörige einer höheren unrein. Dies gilt insbesondere für Kontakte mit der Kaste der „Unreinen“, der Parias. Leidtragende dieser religiös begründeten Sozialordnung sind neben allen Angehörigen der unteren Kasten die Frauen aller Kasten. Sie werden wie die Parias ebenfalls diskriminiert.

Wenn all dies durchgesetzt und praktiziert wird, kann man von einem ‚innen- und sozialpolitischen Fundamentalismus‘ sprechen. Zu diesem innen- und sozialpolitischen kann ein ‚außenpolitischer‘ bzw. nach außen gewandter Fundamentalismus kommen. Dies ist dann der Fall, wenn sich Angehörige anderer Völker und Religionen in die inneren Angelegenheiten der Hinduisten einmischen, ihre, wie gesagt, religiös fundierten Gesetze und Ordnungen nicht beachten und brechen oder sie gar missionieren wollen. Dann können sich die sonst so pragmatischen Hindus berechtigt fühlen, sich zu wehren – notfalls mit Gewalt und militärischen Mitteln.

Das war jedoch keineswegs immer und von Anfang an der Fall. Dies auch deshalb nicht, weil der Hinduismus insgesamt als eine synkretistische Religion anzusehen ist, die Elemente anderer Religionen aufgenommen hat.[150] Schon die arischen Stämme, die um 1500 v. Chr. nach Indien eingewandert sind, haben ganz offensichtlich an die altindischen Religionen angeknüpft und sie mit ihren religiösen Vorstellungen verknüpft. Jedenfalls deuten die um etwa 1200 v. Chr. niedergeschriebenen Veden auf eine derartige religiöse Vermischung hin. Eine weitere Amalgamierung fand mit dem Buddhismus statt, der sich seit dem 4. Jahrhundert v. Chr. in Indien ausbreitete.

Mit dem Islam dagegen, der sich seit dem 8. Jahrhundert n. Chr. in Indien immer mehr durchsetzte, konnte eine derartige Vermischung nicht stattfinden. Dazu waren die Unterschiede zwischen dem eher polytheistischen Hinduismus und dem strikt monotheistischen Islam zu groß. Tatsächlich kam es sowohl in den verschiedenen islamischen Sultanaten als auch unter der Herrschaft der ebenfalls islamischen Moguln zu verschiedenen Konflikten zwischen Hindus und Muslimen. Sie entzündeten sich meist an der Zerstörung alter hinduistischer Tempel und der Errichtung neuer Moscheen.

Das war in der im heutigen Bundesstaat Uttar Pradesh gelegenen Stadt Ayodhya der Fall.[151] Hier hatten Hindus im 12. Jahrhundert n. Chr. einen Tempel errichtet. Gewidmet war er dem Gott Ram, der der hinduistischen Mythologie zufolge hier geboren wurde. Der hinduistische Ram-Tempel ist oder soll 1528 von einem General des Begründers der islamischen Mogul-Dynastie zerstört worden sein, der an seiner Stelle eine Moschee errichten ließ. Sie soll aus welchen Gründen auch immer eine besondere Bedeutung erlangt haben, weshalb Ayodhya auch für die Moslems zu einem heiligen Ort avancierte. Die Folge waren erbitterte Auseinandersetzungen zwischen fundamentalistischen Hindus und Moslems um den Besitz und die, drücken wir es etwas profan aus, Benutzung des Ayodhya-Tempels. Diese Streitigkeiten halten bis heute an. Darauf wird noch einmal einzugehen sein.

Der Ayodhya-Konflikt war aber nicht die Regel, sondern die Ausnahme. Ansonsten haben die Angehörigen beider Religionen meist friedlich nebeneinander gelebt. Dies lag zum einen an dem schon erwähnten religiösen Pragmatismus der Hindus und zum anderen an der politischen Klugheit der muslimischen Herrscher, die ihre hinduistischen Untertanen zwar nicht unbedingt schätzten, aber in Ruhe ließen, wenn sie ihnen nützlich waren. Dies als Militärs- und Verwaltungsbeamte und generell als Steuerzahler.

Ohne das indische Mittelalter idealisieren zu wollen, kann gesagt werden, dass es längst nicht so „finster" war wie das europäische. Kulturell war es eine Zeit der Blüte. Sicher, es gab Kriege – sie waren aber nicht oder kaum religiös motiviert. Religionskriege und

Bekämpfungen von Religionen wie die Kreuzzüge und Verfolgungen von angeblichen oder tatsächlichen „Ketzern“ (sowie selbstverständlich von Juden) hat es in Indien nicht gegeben. Das Verhältnis der Religionen zueinander war zwar nicht spannungsfrei, aber eben nicht so intolerant und aggressiv wie das der Christen, Juden und Muslime in Europa und im Nahen Osten.

Hinduismus und Kolonialismus

Alles änderte sich zur Zeit des und wegen des europäischen Kolonialismus.[152] Dies jedoch nicht sofort. Hatten sich die europäischen Kolonialmächte Portugal, Holland, Frankreich und anfangs auch England doch zunächst darauf beschränkt, Handelsstützpunkte an den indischen Küsten zu errichten. Dies war jedoch den Briten bzw. der Britischen Ostindien-Kompanie nicht genug.[153] Sie begnügte sich nicht mit der Monopolisierung des indischen Außenhandels durch und über einige Handelsstützpunkte an den indischen Küsten, sie stieß auch ins Landesinnere vor, um dort die Steuern einzutreiben und die Produkte der indischen Land- und zunächst auch der Textilwirtschaft aufzukaufen – ‚natürlich‘ weit unter Preis. Weit über dem Herstellungspreis wurden dagegen seit dem beginnenden 19. Jahrhundert die Erzeugnisse der britischen Eisen- und vor allem der Textilindustrie an die Inder verkauft. Die Gewinne, welche die Briten (bzw. zunächst die Britische Ostindien-Kompanie) erzielten, waren ernorm. Die Folgen für die Inder waren dagegen schrecklich. Die indischen Handwerker verarmten und viele Bauern verhungerten. Allein bei der bengalischen Hungersnot der Jahre 1769/70 sollen es 10 Millionen Menschen gewesen sein.

Die britische Kolonialherrschaft ist durch nichts und niemandem zu rechtfertigen. Auch nicht durch den übrigens schon von Marx gemachten Hinweis auf ihre modernisierende Wirkung – denn eine solche gab es nicht. Sicher, die Briten verbesserten durch den Bau von Straßen, Kanälen und vor allem Eisenbahnen die indische Infrastruktur und bauten fast auf dem gesamten indischen Subkontinent ein äußerst effektives Verwaltungssystem auf. Doch all dies geschah, um ihre eigenen ökonomischen Ausbeutungs- und politischen Herrschaftsinteressen durchzusetzen und nicht etwa um das Land zu modernisieren und seinen Bewohnern ein besseres Leben zu ermöglichen. Das Gegenteil war der Fall. Wurde doch jeglicher indischer Widerstand gegen Ausbeutung und Unterdrückung im Keim erstickt. Dies einmal durch das gegenseitige Ausspielen sowohl der hinduistischen als auch der muslimischen Potentaten und zum anderen durch eine ebenfalls aus Hindus und Moslems (sowie aus Sikhs) gebildete, aber von Briten angeführte Armee. Die politische divide-et-impera- und die militärische Machtpolitik waren erfolgreich – jedenfalls aus britischer Sicht.

Bei der britischen Religions- und Sozialpolitik war dies anders. Sie stand ganz im Zeichen des christlichen, genauer protestantischen Missionsgedankens.[154] Er stieß auf Widerstand sowohl der Moslems als auch der Hindus. Die Moslems lehnten ihn schon deshalb ab, weil sie selbst missionierten, und die Hindus fühlten sich durch die christliche Mission bedroht, wenn und sofern die christlichen Missionare und Politiker in ihre religiös begründete Sozialordnung eingriffen und die sie regelnden religiösen Bestimmungen verletzten. Dies begann mit der Taufe von Parias, die damit aus der Kastenordnung herausgelöst und, wenn man so will, aus ihr befreit wurden, und endete mit dem von den britischen Kolonialherren schon 1829 erlassenen und dann sukzessive auch durchgesetzten Verbot der Witwenverbrennung.

Beide Maßnahmen konnten und wurden von den Briten als nicht nur christlich, sondern auch noch als humanitär und den Gedanken der Aufklärung verpflichtet ausgegeben. Doch das galt nicht für die mit dem Mischehenverbot von 1834 einsetzende Politik der Trennung der Religionen und Rassen. Beide Politiken waren alles andere als humanitär und, was das Mischehenverbot und die Rassentrennung anging, sogar unchristlich. Der ökonomisch, politisch und nicht zuletzt auch religiös geprägte Antagonismus zwischen den britischen Kolonialherren und den indischen Kolonisierten führte schließlich zum großen indischen Aufstand des Jahres 1857.

Anlass war ein fast schon banal zu nennendes Detail. Die britische Besatzungsarmee hatte ein neues Gewehr eingeführt. Es wurde mit Patronen geladen, deren papiernen Hülsen vor Einführung in den Lauf des Gewehrs abgebissen werden mussten. Diese Patronenhülsen sollen mit einer Mischung aus Rindertalg und

Schweineschmalz eingerieben worden sein. Sowohl die hinduistischen als auch die moslemischen Soldaten der britischen Armee, die „Sepoys" genannt wurden, sahen darin einen Verstoß gegen ihre religiösen Reinheitsgebote und weigerten sich, die neuen Gewehre zu benutzen. Diese Weigerung wurde von ihren britischen Offizieren als Meuterei aufgefasst. Damit gaben sie das Signal für das, was in der britischen Historiografie bis heute als Sepoy-Meuterei bezeichnet wird. Indische Historiker sprechen dagegen vom ersten indischen Befreiungskampf gegen die britische Kolonialherrschaft. Beide Seiten haben recht und unrecht zugleich.

Alles begann im Mai 1857 mit einer Meuterei der Sepoys eines einzigen britischen Regiments. Sein Kommandeur war als besonders eifriger Christ bekannt und deshalb bei seinen hinduistischen und moslemischen Soldaten verhasst. Ihren Unwillen hatte auch die Frau eines anderen britischen Offiziers erregt, die unter den Sepoys missionierte, indem sie in die Landessprachen übersetzte Bibeln verteilte. Der christliche Glaube des Kommandeurs namens Wheeler und der Missionseifer von Wilma Halliday hatten zwar nicht das Geringste mit den Patronenhülsen der Gewehre der Sepoys zu tun, dennoch wurde diese sehr gewagte Bibel-Gewehr-Verbindung von den Sepoys gezogen und veranlasste sie zu meutern.

Dabei wurden sie zunehmend von ihren Kameraden aus anderen Regimentern unterstützt, und die Meuterei der Sepoys breitete sich aus. Die Angehörigen der meuternden Regimenter zogen nach Delhi, wo es zu Massakern nicht nur an britischen Offizieren und ihren Angehörigen, sondern auch an britischen Zivilisten und an Indern kam, die zum Christentum konvertiert waren.

Diese Verbrechen wurden von der britischen Presse breit und blutrünstig geschildert, was die Kommandeure der britischen Armee wiederum veranlasste, mit äußerst brutalen Methoden gegen die meuternden Sepoys vorzugehen. Zunächst mit geringem Erfolg. Den meuternden Sepoys schlossen sich nämlich immer mehr Angehörige der indischen Zivilbevölkerung aller Glaubensrichtungen und aus allen sozialen Schichten an. Darunter befanden sich auch einige Frauen. Die berühmteste war die Rani von Jhansi. Dabei handelte es sich um eine indische Fürstin, die ihren Einsatz mit ihrem Leben bezahlte. Sie erlitt in einer Schlacht gegen die britischen Truppen den Heldentod (oder: Heldinnentod).

Doch letztlich war alles umsonst. Die Meuterei der Sepoys, die sich zu einem indischen Volksaufstand ausgeweitet hatte, wurde blutig niedergeschlagen. Endgültig war dies erst 1859 der Fall. Der, wie gezeigt, sowohl politisch als auch religiös motivierte indische Volksaufstand war zwar nicht erfolgreich, aber keineswegs folgenlos. Die britische Regierung reagierte auf ihn, indem sie 1858 die Ostindien-Kompanie auflöste und ganz Indien zur britischen Kronkolonie erklärte. Aus der Kronkolonie wurde 1877 das „Kaiserreich Indien". Es umfasste die heutigen Staaten Indien, Pakistan, Bangladesh und Birma. Formelles Staatsoberhaupt war Königin Victoria von Großbritannien als „Kaiserin von Indien". Doch diese neuen Bezeichnungen änderten nichts am Charakter der britischen Kolonialherrschaft. Sie war und blieb so brutal wie zuvor. Indien wurde weiter ausgebeutet und alle Inder wurden weiterhin unterdrückt und diskriminiert.

Hinduismus und Nationalismus

Dagegen formierte sich Widerstand. Getragen und repräsentiert wurde er vom „Indischen Nationalkongress", der 1885 von Hindus und Moslems gegründet wurde. Sein Ziel war die Unabhängigkeit Indiens. Dieses nationale Ziel einte Hindus und Moslems – wenigstens zunächst. Doch schon 1906 traten die meisten Moslems aus dem „Indischen Nationalkongress" aus und gründeten die rivalisierende „Muslimliga". Beide Parteien – die mehr nationale der Hindus und die eher religiöse der Moslems – einte jedoch das Streben nach Unabhängigkeit. Diese wurde von der britischen Regierung schon im August 1917 versprochen. Anlass war das britische Interesse an indischen Soldaten im Zuge des Ersten Weltkriegs. Tatsächlich kämpften damals über eine Million Inder in den Reihen der britischen Armee gegen Deutschland und seine Verbündeten.

Wenn sie gehofft haben sollten, dafür mit der Unabhängigkeit Indiens belohnt zu werden, wurden sie nach dem Ersten Weltkrieg enttäuscht. England brach sein 1917 gegebenes Versprechen und gewährte den Indern nur das Recht auf eine zunächst sehr eingeschränkte Selbstregierung. Sie wurde 1935 mit dem Erlass des „Government of India Act", der den Indern die Wahl von Provinzparlamenten gestattete, zwar etwas ausgedehnt, doch das war den indischen Nationalisten nicht genug. Unter der Führung von Mahatma Gandhi kämpften sie weiterhin für die völlige Unabhängigkeit Indiens. Dies jedoch mit friedlichen und gewaltfreien Methoden. Dieser politische Kurs stieß jedoch innerhalb des Nationalkongresses auf Kritik. Geäußert wurde sie vor allem von Subhash Chandra Bose (1897–1945), der zum großen Gegenspieler Gandhis und Anführer einer Bewegung wurde, die zwar nicht als fundamentalistisch, wohl aber als faschistisch eingeschätzt werden kann. Sie hat dann weitere faschistische und fundamentalistische indische Bewegungen beeinflusst. Daher soll in einem kleinen Exkurs auf Leben und Werk Boses eingegangen werden.[155]

Der 1897 als Sohn einer bürgerlichen Familie in Bengalen geborene Bose hatte sich nach Schule und Studium in Kalkutta und Cambridge dem Indischen Nationalkongress angeschlossen und in seinen Reihen Karriere gemacht. 1921 wurde er zum Führer der Jugendorganisation des Nationalkongresses gewählt, um sechs Jahre später zusammen mit Jawaharlal Nehru das Generalsekretariat der gesamten Partei zu übernehmen. Doch dann überwarf er sich mit dem Parteiführer Gandhi, dessen auf Gewaltfreiheit setzenden politischen Kurs er kritisierte. Dies jedoch nicht aus religiösen Gründen. Bose war kein Fundamentalist, sondern ein indischer Nationalist, der zum Faschisten geworden ist.

1939 rief Bose mit dem „Forward Bloc" eine Fraktion innerhalb des Nationalkongresses ins Leben, was zur Parteispaltung geführt hätte, wenn Bose in Indien geblieben wäre. Stattdessen floh er 1941, um der britischen Repression zu entgehen, über Kabul und Moskau nach Berlin, wo er die Bewegung „Freies Indien" gründete. Sie stellte aus indischen Gefangenen der britischen Armee ein etwas mehr als 3000 Mann zählendes militärisches Kontingent auf, das unter dem Namen „Indische Legion" auf der Seite Hitler-Deutschlands (und in den Reihen der Waffen-SS) die verhassten Engländer bekämpfen sollte.

Doch dazu kam es nicht, weil Bose 1943 Deutschland verließ, um – übrigens in einem deutschen U-Boot – in den Machtbereich des japanischen Bundesgenossen Deutschlands zu fahren, wo er wiederum aus indischen Gefangenen der japanischen Armee ein japanisches Hilfskontingent bildete. Diese etwas hochtrabend als

„Indian National Army" bezeichnete Truppe umfasste immerhin 40.000 Mann – und ein „Rani of Jhansi" genanntes Frauen-Regiment. Nachdem Bose eine indische Exilregierung namens „Azad Hind" (= Freies Indien) ausgerufen hatte, marschierte seine drei Divisionen umfassende „Indian National Army" 1944 von Burma aus in Indien ein. Ein Jahr später musste die „Indian National Army" nach und wegen der japanischen bedingungslosen Kapitulation aufgeben. Ihre Angehörigen wurden von den Briten gefangen genommen, aber in keiner Weise für ihre Kollaboration bestraft – dies geschah auf indischen Druck hin. Dem 1945 bei einem Flugzeugabsturz ums Leben gekommenen Bose wurde und wird bis heute ein ehrendes Andenken gewährt. 1995 wurde sogar der Flughafen von Kalkutta nach ihm benannt. Er heißt „Netaji (= Führer) Subhash Chandra Bose International Airport". Höchst seltsam. Denn schließlich handelt es sich bei diesem „Netaji" um einen Kollaborateur und den Führer einer Bewegung, die als faschistisch eingeschätzt werden kann. Sie kann, wenn das nicht schon der Fall ist, Vorbild für weitere faschistische und fundamentalistische Bewegungen werden, welche nicht nur den demokratischen, sondern auch den säkularen Charakter des indischen Staates bedrohen und gefährden können.

Hinduismus und Demokratie

Der 1947 gegründete indische Staat ist ein demokratischer und säkularer. Religion und Politik sind strikt getrennt. Allen Staatsbürgern wird, wie oben bereits erwähnt wurde, „unabhängig von Religion, Rasse, Kaste, Geschlecht und Geburtsort" die „Gleichheit vor dem Gesetz" zugesichert.[156] Der demokratische und säkulare Charakter des indischen Staates wird jedoch von hinduistisch-fundamentalistischen Gruppierungen infrage gestellt, von denen einige bereits in der Zeit der britischen Kolonialherrschaft entstanden sind.[157]

Zu erwähnen ist einmal die von Swami Dayanda Sarasvati (1824–1883) gegründete „Arya Samaj" (= Gemeinschaft der Arier). Sie wandte sich zwar auch gegen den westlichen und christlichen Einfluss, den die britische Kolonialherrschaft auf die indische Gesellschaft auszuüben bemüht war, konzentrierte sich aber sonst mehr auf eine Reform des Hinduismus, worunter Sarasvati die Rückkehr zu den Ursprüngen verstand. Sein Fundamentalismus war daher mehr religiös als politisch geprägt und manifestierte sich keineswegs so aggressiv wie der einer weiteren Gruppe von hinduistischen Fundamentalisten.

Sie werden „Sanatana Dharma" genannt, was man mit „Dharma-Anhänger" übersetzen kann. Sie verteidigen vehement das traditionelle Kastensystem und bekämpfen alle, die es brechen. Dies gilt unter anderem für solche Inder, die Ehen mit Angehörigen anderer Kasten eingehen. Ob allerdings dem Eintreten der „Sanatana Dharma" für die seit 1829 verbotene Witwenverbrennung wirklich Taten gefolgt sind, ist zweifelhaft. Dennoch sind diese eher traditionalistisch ausgerichteten Fundamentalisten keineswegs als harmlos und politisch ungefährlich anzusehen.

Zu einer ausgesprochenen Gefahr für den Bestand des nach seinem Selbstverständnis strikt säkularen und auf einer Trennung von Religion und Politik basierenden indischen Staates haben sich die politischen hinduistischen Fundamentalisten entwickelt, die sich auf die Lehren Vinayak Savarkars (1883–1966) berufen. Vinayak Savarkar war ein Kritiker sowohl des Christentums als auch des Islam. Beide Religionen seien dem Hinduismus fremd und feindlich eingestellt. Daher könnten indische Christen und Moslems nur Gastrecht im heiligen Land der Hindus genießen. Diese Argumentation war fundamentalistisch. Doch damit begnügte sich Vinayak Savarka nicht. Wollte er doch in den hinduistischen Indern Angehörige einer „Rasse" sehen. Damit gab er zu erkennen, dass er von den rassistischen Ideologien des deutschen Faschismus beeinflusst war.

Verschiedene Mitglieder der 1925 von Keshav Baliram Hedgewar gegründeten „Rashtriya Swayasevak Sangh" (RSS) (= Nationale Freiwilligen-Gruppe) haben aus ihrer Bewunderung für Hitler und den deutschen Faschismus ebenfalls keinen Hehl gemacht. Madhav Sadshiv Golwalkar, der 1940 von Hedgewar die Führung der RSS übernahm, hat sogar die nationalsozialistische Judenpolitik gelobt und als Vorbild für die indische gepriesen.[158] Dies geschah jedoch im Jahr 1939 und beschränkte sich auf die Vertreibung und noch nicht auf die Vernichtung der Juden. Doch das Lob der Vertreibung der Juden reicht und ist in keiner Weise zu billigen. Schon gar nicht als Vorbild für eine wenn schon nicht rassistisch, so doch religiös motivierte Vertreibung der Christen und Moslems aus einem indischen Staat, der nach dem Willen Hedgewars und Golwalkars ein fundamentalistischer und eben kein säkular-demokratischer sein sollte, wie ihn Gandhi (der übrigens von einem Angehörigen der „Nationalen Freiwilligen-Gruppe" ermordet worden ist) angestrebt hat.

Die RSS ist zudem so etwas wie ein Vorläufer und Ideengeber der eingangs erwähnten Bharatiya Janata Party (BJP). Außenpolitisches Ziel der BJP ist die Schaffung eines indischen Großreichs. Dazu soll auf jeden Fall Kaschmir gehören.[159] Da Kaschmir auch von Pakistan beansprucht wird, wird ein weiterer Krieg (zusätzlich zu jenen von 1947/48 und 1965) mit Pakistan propagiert. Da beide Seiten in diesem Konflikt über Atomwaffen verfügen, kann sich am Kaschmirkonflikt ein Nuklearkrieg entzünden, der weltweite, ja kosmische Auswirkungen haben kann. Doch das scheint die BJP-Fanatiker nicht weiter zu stören. Der Anspruch auf Kaschmir wird mit dem Hinweis auf das kosmische Dharma-Gesetz legitimiert.

Die indische Innen- und Sozialpolitik soll sich nach dem Willen der BJP ebenfalls an dem kosmischen Dharma-Gesetz orientieren. Dazu gehören die Bewahrung des Kastensystems und die Beachtung seiner Regeln, durch die, wie erwähnt, die Angehörigen der unteren Kasten und nicht zuletzt auch die Gesamtheit der indischen Frauen diskriminiert werden. Da die BJP jedoch erkannte, dass sie mit diesen Forderungen die Mehrheit der hinduistischen Inder nicht erreichte, ja sie sogar davon abhielt, ihre Partei zu wählen, modifizierte sie ihr fundamentalistisches Kasten-Programm etwas und verschob seine Realisierung auf die Zeit nach der Schaffung des künftigen fundamentalistisch-hinduistischen Großreichs.[160]

Stattdessen konzentrierte sich die BJP auf die zunächst noch nur verbale Beschimpfung und Bekämpfung der muslimischen Minderheit. Ein äußerst gefährliches Spiel mit dem Feuer eines Religionskrieges, der 1947/48 schon einmal stattgefunden hat und dessen Folgen noch lange nicht überwunden wurden. Außerdem kann dies den islamischen Nachbarn Pakistan[161] auf den Plan rufen, der unter dem durchaus verständlichen Vorwand, die islamischen Glaubensbrüder in Indien schützen zu wollen, einen neuen Krieg riskieren könnte – und das wäre wie gesagt ein atomarer Krieg. Doch dazu muss es nicht kommen und das wird – hoffentlich – von der BJP auch nicht gewollt. Es reicht, wenn es wieder einmal zu religiösen Unruhen in Indien selbst kommt. Davon gab es in den letzten Jahren mehrere. Ihren Ausgangspunkt hatten sie meist in der Stadt Ayodhya.[162]

Der Ayodhya-Konflikt

Der oben bereits erwähnte Ayodhya-Konflikt war von den britischen Kolonialherren zwar entschärft, aber keineswegs gelöst worden. Dies durch folgende Anordnung: Den Muslimen wurde gestattet, ihre anstelle des früheren hinduistischen Tempels errichtete Moschee zu besuchen, während die Hindus ihren Gott Ram im Hof vor der Moschee verehren durften. Mit dieser pragmatischen Regelung zeigten sich aber beide Seiten nicht einverstanden. Fundamentalistische Eiferer riefen unmittelbar nach der Gründung des indischen Staates zum Handeln auf. Im Dezember 1949 drangen Hindus in die Moschee ein und errichteten hier eine Ram-Statue. Dies rief natürlich den wütenden Protest der Moslems hervor. Ein indisches Gericht griff in den Konflikt ein, indem es beiden Religionsgruppen die Nutzung des gesamten Areals untersagte. Mit dieser rigorosen Entscheidung waren wiederum einige fundamentalistische Hindus nicht einverstanden. Im Dezember 1992 zerstörten sie deshalb die Moschee. Darauf kam es zu Unruhen, wobei 3000 Inder, die meisten davon waren Moslems, getötet wurden. Doch dies hielt fundamentalistische Hindus nicht davon ab, weiterhin die Errichtung eines Tempels zu fordern, welcher der Ehrung des Gottes Ram dienen sollte. Dies wurde aber von der indischen Regierung nicht gestattet.

Im März 2001 haben es Angehörige einer hinduistisch-fundamentalistischen Organisation namens „Kar Sevaks" erneut versucht. Sie organisierten Reisen, die hinduistische Pilger nach Ayodhya bringen sollten. Einer dieser Züge machte sich aus dem westindischen Bundesstaat Gujarat auf den Weg, wurde aber von fanatischen Muslimen gestoppt. 54 Hindus, die meisten von ihnen waren

Frauen und Kinder, wurden massakriert. Dieser islamistische Terrorakt wird zweifellos wenn nicht heute, so doch morgen weitere hinduistische provozieren, die ebenfalls religiös motiviert sein werden.

Dies auch deshalb, weil der Gott Ram im Laufe des Ayodhya-Konflikts eine gewisse Aufwertung erfahren hat. Aus einem Gott unter vielen ist ein betont kriegerischer Gott gemacht worden, der dem bei den Hindus verhassten Allah gewissermaßen die Stirn bietet. Für einige fundamentalistische Hindus ist Ram zu einem „hinduistischen Gegenkonzept zur islamischen Theokratie" geworden.[163] Ein anderer (westlicher) Forscher hat in diesem Zusammenhang davon gesprochen, dass Ram „von der Gottheit zum Kreuzritter" mutiert sei.[164] Diese Formulierung geht zweifellos zu weit und wird der Tatsache nicht gerecht, dass der Hinduismus nach wie vor einen polytheistischen Charakter hat. Doch das kann sich ändern und würde zu einer weiteren Verschärfung des hinduistisch-muslimischen Konflikts in Indien und möglicherweise in anderen Teilen der Welt führen.

Fazit

Doch was auch immer geschehen wird, eines ist schon jetzt klar und unübersehbar: Es gibt – auch – einen hinduistischen Fundamentalismus. Er war jedoch nicht von Anfang da und hat sich – wie andere Fundamentalismen auch – im Laufe der Zeit entwickelt. Ausgangspunkt waren nicht die polytheistischen Elemente des Hinduismus, sondern jene, die einen monotheistischen Charakter haben oder jedenfalls so aufgefasst werden können. Gemeint ist der Dharma-Glauben, denn dieses kosmische Gesetz kann und soll auch die weltliche Ordnung regeln. Dies gilt einmal für den innenpolitischen Bereich. Die Einhaltung der Regeln und die Ausgrenzungsmechanismen des religiös motivierten Kastensystems werden von hinduistischen Fundamentalisten gefordert. Dies nicht obwohl, sondern weil es mit den universalistischen Menschenrechten unvereinbar ist. Im außenpolitischen Bereich wird die Errichtung (oder Wiedererrichtung) eines hinduistischen Großreichs, das zumindest Kaschmir umfassen soll, ebenfalls mit dem Hinweis auf das kosmische Dharma-Gesetz legitimiert, das besagt, dass es sich bei Indien um ein heiliges Land handelt. Es soll, wiederum nach dem Willen einiger hinduistischer Fundamentalisten, schon in seiner jetzigen Gestalt nur den rechtgläubigen Hindus vorbehalten sein. Dies zielt auf eine wiederum religiös motivierte Diskriminierung und möglicherweise sogar Vertreibung der muslimischen Minderheit ab. Das ist die dritte und zugleich gefährlichste, weil aktuellste politische Stoßrichtung des hinduistischen Fundamentalismus.

All das ist zu kritisieren. Aber nur dann, wenn man sich des schon vielfach zitierten Sprichworts von den Splittern und Balken im Auge bewusst ist. In anderen Worten: Fundamentalistische Bestrebungen und Ausprägungen in anderen Religionen können und dürfen nur dann kritisiert und gegebenenfalls auch bekämpft werden, wenn man sich der fundamentalistischen Bestrebungen und Ausprägungen innerhalb der eigenen Religion bewusst ist und sie ebenfalls kritisiert und gegebenenfalls bekämpft. Dies hat mit Religionsfeindschaft wenig bis nichts zu tun und stellt auch keinen Widerspruch zum Toleranzgedanken dar. Schließlich sind Fundamentalisten Feinde des Toleranzgedankens, weshalb man ihnen gegenüber auch nicht tolerant sein muss, ja teilweise auch gar nicht sein darf.

7. „Dalai Lama“ Buddhistischer Fundamentalismus in Tibet

„Dalai Lama“ bedeutet wörtlich übersetzt „ozeangleicher Lehrer“. Das ist nicht nur schwer verständlich, sondern schlicht falsch. Der Dalai Lama ist nämlich mehr als nur ein „Lehrer“. Von seinen Anhängern wird er als „erleuchtetes Wesen“ und als der „Wiedergeborene“ bezeichnet. Damit wird ihm eine religiöse Würde zugesprochen, die mindestens so hoch einzuschätzen ist wie die, welche der Papst bei den katholischen Christen genießt. Der Vergleich mit dem Papst ist nicht zu hoch gegriffen. Der Dalai Lama ist nämlich nicht nur das geistliche, er ist (oder war es zumindest bis vor Kurzem) auch das weltliche Oberhaupt eines Staates, der allerdings nicht mehr besteht, dessen Wiederherstellung aber von vielen Tibetern gefordert wird.

Anführer der tibetischen Befreiungsbewegung ist der gegenwärtige (14.) Dalai Lama, der als Lhamo Döndrup geboren wurde, um dann den Priesternamen Tendzin Gyatsho zu erhalten. Der mit dem Friedensnobelpreis ausgezeichnete Dalai Lama genießt fast überall auf der Welt ein überaus hohes Ansehen. Viele, darunter auch viele Christen und Ex-Christen, sehen in ihm eine Licht- und Heilsgestalt, die ihnen Erlösung verspricht oder zu versprechen scheint.

Nur in China ist alles anders. Hier wird dem Dalai Lama nicht nur die politische Einmischung in die inneren Angelegenheiten Chinas vorgeworfen, das Tibet als seine Provinz betrachtet, er gilt hier zudem als fundamentalistischer Eiferer und Verherrlicher des fundamentalistischen Systems im alten Tibet. Diese Ansicht wird auch von einigen seiner westlichen Kritiker geteilt – keineswegs nur von Atheisten und Kommunisten, sondern auch von Kämpfern gegen den Fundamentalismus.

Wer hat recht? War und ist der Buddhismus im Allgemeinen, der tibetische im Besonderen fundamentalistisch? Wie fundamentalistisch (im politischen Sinn) war das alte Tibet? Ist die Bekämpfung der chinesischen Fremdherrschaft in Tibet religiös begründet und daher ebenfalls als fundamentalistisch einzuschätzen? Und wie verträgt sich das alles mit den allgemeinen Friedensbekundungen und Friedensermahnungen des Dalai Lama? Ist der von ihm vertretene Pazifismus fundamentalistisch? Sollen wir ihn übernehmen und daher Abstand von unserer sonstigen Kritik am Fundamentalismus nehmen?

Viele wichtige Fragen, die aber im Folgenden nur sehr knapp beantwortet werden können. Wir beginnen mit jener nach dem fundamentalistischen Charakter des Buddhismus.

Buddhismus

Der Buddhismus kann eigentlich nicht fundamentalistisch im religiösen und politischen Sinne sein.[165] Handelt es sich bei der buddhistischen doch um keine Offenbarungs-, sondern um eine Erfahrungsreligion. Jeder und jede kann durch Erfahrung „Buddha" (= Erwachter) sein oder werden – dies durch Meditation und die Beachtung einiger Lebensregeln. Der erste Buddha, der indische Fürstensohn Siddharta Gautama, hat sich weder als Prophet einer neuen Religion noch als Sohn Gottes ausgegeben. Er wollte niemandem seine Lehre aufzwingen.[166]

Dies haben auch seine Anhänger nicht getan, die durch die Beachtung von Buddhas Lehren selbst zu „Erwachten" geworden sind. Die Buddhisten missionieren nicht und verbreiten keine „heilige Schrift". Denn eine solche gibt es nicht. Sie kann folglich auch nicht fundamentalistisch ausgelegt und für den Kampf gegen Falsch- und Andersgläubige instrumentalisiert werden. „Ketzer" und „heilige Kriege" kennt der Buddhismus nicht.[167]

Er verfügt auch über keine Person oder Organisation, die „heilige Kriege" verkünden kann oder Andersgläubige verfolgen lässt. Zur Erreichung politischer Ziele kann sich ein Buddhist zudem nicht auf Gott berufen. Denn den gibt es im Buddhismus auch nicht – jedenfalls nicht im monotheistischen Sinne.[168] Der Buddhismus ist etwas überspitzt, aber nicht grundlos als eine „Religion ohne Gott" charakterisiert worden.[169] Eigentlich ist er ‚nur' eine Philosophie, das heißt eine Weisheitslehre.[170]

Sie lehrt aber nicht nur das Leben im Diesseits, sondern auch das im Jenseits. Denn in dieses Jenseits, das Buddhisten „Nirwana" nennen, gelangt jedes Lebewesen, um dann jedoch wieder in möglicherweise anderer Gestalt ins Diesseits zu gelangen. Wie sich dieser endlose Kreislauf gestaltet, hängt vom ethischen Verhalten des Menschen im Diesseits, seiner Versenkung durch Meditation, seiner Weisheit und seinem Mitgefühl für alle Kreaturen ab.[171]

In seinem irdischen Leben kann der Buddhist jedoch gezwungen werden, sich zu politischen Fragen zu äußern und sich am politischen Leben zu beteiligen. Daran wird er durch seine Religion weder gehindert noch dazu verpflichtet. Er muss weder der „Obrigkeit untertan" sein, wie das im Römerbrief des Apostel Paulus den Christen vorgeschrieben ist (Röm 13,1), noch sie bekämpfen, wenn sie nicht „von Gott" ist und weil man, wie es in der Apostelgeschichte heißt, „Gott mehr gehorchen als den Menschen" (Apg 5,29) muss.

Mit diesen Fragen und Problemen kann aber jeder Buddhist konfrontiert werden. Auch solche Buddhisten, die sich voll und ganz auf ihr Leben im Jenseits vorbereiten, indem sie sich von der diesseitigen Welt abwenden. Gemeint sind die buddhistischen Mönche und Nonnen. Gerade sie waren ihrer Obrigkeit besonders treu ergeben und haben sie zugleich besonders vehement bekämpft.[172] Dabei haben insbesondere Mönche und Nonnen das absolute Tötungsverbot ihrer Religion gleich doppelt gebrochen, indem sie sich selbst getötet, genauer gesagt verbrannt haben. Das war in Vietnam und Burma und ist jetzt auch in Tibet der Fall.

In Tibet hatte und hat der Buddhismus einen besonderen Charakter. Dies aber mehr im politischen als im religiösen Sinne.[173] Die tibetische Variante des Buddhismus war Staatsreligion. Im gegenwärtigen Tibet wird zudem der Widerstand gegen den säkularen (chinesischen) Staat, in dem Politik und Religion strikt voneinander getrennt sind, mit dem Hinweis auf die buddhistische Religion legitimiert. Dies ist fundamentalistisch. Wie und warum ist es dazu gekommen? War das alte Tibet fundamentalistisch?[174]

Tibet

Tibet war nicht von Anfang an fundamentalistisch. Das im 7. Jahrhundert n. Chr. gegründete tibetische Königreich hat zwar im 8. Jahrhundert den Buddhismus eingeführt und zur Staatsreligion gemacht, war aber zunächst ein Feudalstaat wie andere auch. Regiert wurde er von Königen, die aber mehr und mehr an Macht verloren. Dies zugunsten des Adels und des Klerus. Adlige und Mönche verfügten über den meisten Grundbesitz und waren vom Kriegsdienst für ihr Land und ihren König befreit.[175] Dadurch wurde die Macht des Königs eingeschränkt und das Land selbst geschwächt.

Diese innere Schwäche Tibets wurde von den Mongolen ausgenutzt. Im Jahr 1240 überfielen sie Tibet und gliederten es ihrem (Welt-)Reich ein. Verwaltet wurde Tibet zunächst von mongolischen Gouverneuren. Seit Mitte des 13. Jahrhunderts gingen die Mongolen aber dazu über, tibetische Mönche als Vizekönige einzusetzen. Einer von ihnen mit Namen Sönam Gyatsho wurde 1578 mit dem – von den Mongolen geschaffenen – Ehrentitel eines „Dalai Lama" ausgestattet.[176] Dem fünften Träger dieses Titels bzw. 5. Dalai Lama namens Ngawan Lobsang Gyatso wurde 1642 sogar die gesamte Regierungsgewalt übertragen. Damit war Tibet zu einer Theokratie geworden. Sie hatte aber keinen singulären Charakter. Kann doch der tibetische mit dem Kirchenstaat der mittelalterlichen Päpste sowie den Ordensstaaten des Deutschen Ordens in Preußen, der Johanniter auf Malta und der Jesuiten in Paraguay verglichen werden.[177]

Diese Vergleiche, die aber nur von wenigen Historikern gezogen worden sind,[178] hinken natürlich, wie dies – fast – alle Vergleiche tun. Der tibetische Staat war nicht so reich wie der päpstliche und wurde auch nicht so effizient verwaltet wie der Staat des Deutschen Ordens in Preußen und der Jesuiten in Paraguay. Zu seiner Schwäche hatte auch die scheinbare Stärke seines Oberhaupts beigetragen. Der jeweilige Dalai Lama konnte zwar unumschränkt herrschen, musste aber nach seinem Tod durch ein sehr aufwendiges und zeitraubendes Verfahren ersetzt werden.

Die Suche nach einem Kind, in dem der bisherige Dalai Lama wiedergeboren sein soll, gestaltete sich oft als langwierig. Das endlich gefundene Kind musste zudem erst einmal zum Dalai Lama gemacht bzw. erzogen werden und konnte eigentlich erst als Erwachsener seine Regierungsgewalt wirklich ausüben. In der Zwischenzeit, die man in etwa mit einem Interregnum in den europäischen Königs- und Kaiserreichen vergleichen kann, kam es nicht selten zu internen Machtkämpfen der mönchischen Politiker aus den vielen buddhistischen Klöstern des Landes.

Die zunehmende innere Schwäche des tibetischen Staates wurde, wie das in der Geschichte immer so ist, von seinen starken Nachbarn ausgenützt. Davon hatte Tibet gleich drei. Neben China und Russland war das England, das Indien kolonisiert hatte. 1903 eroberten englische Truppen Tibet und zwangen den (13.) Dalai Lama ins Exil. Englands Griff nach Tibet weckte jedoch die Begehrlichkeit Russlands. Ein drohender Krieg beider imperialistischer Mächte um Tibet wurde jedoch vermieden. Vermutlich auch deshalb, weil die britischen und russischen Politiker sich in einer anderen politischen Frage einig waren. Dies war die deutsche.[179] Deutschland wollte Weltmacht sein und beanspruchte für sich einen „Platz an der Sonne". Das gefiel weder den Briten noch den Russen. Um Deutschlands weltpolitische Ambitionen zu verhindern, einigten sich Briten und Russen bei der tibetischen Frage. Die Russen mischten sich nicht weiter ein, und die Briten verzichteten auf den weiteren Besitz Tibets. Das Land war wieder frei und der Dalai Lama konnte wieder zurückkehren – doch nicht für lange Zeit.

Denn die Briten hatten mit den Russen 1907 im Vertrag von St. Petersburg vereinbart, Tibet unter die Suzeränität (= Oberhoheit) Chinas zu stellen. Die Chinesen sahen darin eine Ermächtigung, sich Tibet anzueignen. Das taten sie im Jahr 1910. Doch nach und wegen der chinesischen Revolution von 1911 zogen sich die chinesischen Truppen wieder aus Tibet zurück. Der in der Zwischenzeit wiederum ins Exil gegangene Dalai Lama kehrte 1912 nach Tibet zurück und propagierte am 14. Februar 1913 die Unabhängigkeit Tibets.

Tibet erhielt eine Nationalhymne und eine Nationalfahne und schien zu einem ganz normalen Nationalstaat geworden zu sein. Doch das schien nur so zu sein. Tatsächlich blieb es ein fundamentalistischer Ordensstaat. An seiner Spitze stand nach wie vor der Dalai Lama. Er war das geistliche und staatliche Oberhaupt aller Tibeter. Seine wirklich absoluten Machtbefugnisse hat er aber anders als die absoluten Herrscher im Europa der Frühen Neuzeit nicht dazu genutzt, um die immer noch feudale soziale Struktur Tibets zu beseitigen und seine ökonomische Rückständigkeit zu überwinden. Tibet wurde nicht modernisiert und blieb so schwach wie zuvor.

Seine innere Schwäche wurde jetzt aber nicht von seinen starken Nachbarn ausgenützt. Diese waren nämlich in erster Linie mit sich selbst beschäftigt. Das kommunistisch gewordene Russland musste sich gegen die antikommunistischen Angriffe der kapitalistischen Mächte behaupten. Erst als das gelang, ging die Sowjetunion dazu über, jene Länder des zaristischen Reiches wieder in das neue sowjetische Imperium einzugliedern, die inzwischen unabhängig geworden waren – Tibet gehörte nicht dazu. Auch Großbritannien wollte Tibet nicht zurückhaben. Dies jedoch nicht aus Einsicht, sondern aus Notwendigkeit. War Großbritannien doch hauptsächlich daran interessiert, seine Kolonialherrschaft in Indien zu bewahren. Diesem Ziel diente auch die „Besänftigung" (appeasement) Hitlers, der in Europa so ziemlich alles tun konnte, was er wollte, nur um England in Indien in Ruhe zu lassen. China dagegen war durch den Bürgerkrieg und den Verteidigungskrieg gegen Japan geschwächt. Erst nach deren Ende konnte das nun kommunistisch gewordene China sich wieder der tibetischen Frage zuwenden und meldete seine nie ganz aufgegebenen Ansprüche auf Tibet an.

Tibet hat dies geahnt. Schon 1945 und damit vier Jahre vor dem endgültigen Sieg der Kommunisten in China hat es alle chinesischen Beamten des Landes verwiesen und allerdings sehr zaghafte Versuche unternommen, seine Armee aufzurüsten oder überhaupt erst zu einer wirklichen Armee zu machen. Denn wirkliche Soldaten waren die überwiegend noch mit völlig veralteten Vorderlader-Gewehren ausgerüsteten tibetischen Stammeskrieger noch nicht. Gegen die kampferprobte chinesische Volksbefreiungsarmee hatten sie nicht den Hauch einer Chance. Die verantwortlichen tibetischen Politiker scheinen das gewusst zu haben, weshalb sie die Regierungen Großbritanniens, Indiens und der USA um Hilfe baten – allerdings vergeblich. Tibet wurde vermutlich noch nicht einmal aus Absicht, sondern aus Interesselosigkeit seinem Schicksal überlassen.

Daran war es aber auch selbst nicht ganz schuldlos. Es hatte sich nicht nur nicht modernisiert, es hatte noch nicht einmal versucht, sich in der Welt einen modernen Anschein zu geben. Tibet verfügte damals über kein gutes „Image". Es galt als zutiefst reaktionär und war so fundamentalistisch wie sonst kein anderer Staat auf der Welt. Außerdem hatte es sich von aller Welt nahezu vollständig abgeschottet. Tibet kannte man nicht und konnte es auch gar nicht kennen, weil weite Teile des Landes und seine Hauptstadt Lhasa ausländischen Besuchern nicht zugänglich waren. Die wenigen, die wie der schwedische Weltreisende Sven Hedin Tibet besucht haben, waren von der allgemeinen Rückständigkeit Tibets fasziniert, aber insgesamt doch mehr abgestoßen. Tibet hatte im Unterschied zu heute ganz wenige Freunde, aber viele Feinde.

Außerdem verfügte Tibet in den für sein Schicksal so entscheidenden 1930er- und 1940er-Jahren über kein wirkliches und handlungsfähiges Oberhaupt. Der 13. Dalai Lama war 1933 verstorben. Sein Nachfolger, der oben bereits erwähnte 14. Dalai Lama wurde erst 1935 geboren. Zwei Jahre später wurde er gefunden bzw. als Reinkarnation des vorherigen Dalai Lamas erkannt. 1940 erfolgte seine Inthronisation und 1950 seine Ernennung zum Regenten Tibets. Zu diesem Zeitpunkt war der jetzige Dalai Lama, gerade einmal 15 Jahre alt. Ein ‚Teenager' sollte ein Land regieren. Das konnte nicht gut gehen – und ging es auch nicht.

Doch dafür kann man kaum den Dalai Lama selbst verantwortlich machen.[180] Er hatte es wirklich schwer. Das weiß man aus dem Bestseller des österreichischen Bergsteigers Heinrich Harrer, der unter dem Titel „Sieben Jahre in Tibet" gedruckt wurde[181] und die Grundlage eines, wie ich finde, wirklich guten und schönen Filmes von Jean-Jacques Annaud wurde. Mit Annauds Dalai Lama muss man einfach sympathisieren. Dennoch darf der Film nicht mit der Realität verwechselt werden – diese sah etwas anders aus.

Sicher ist, dass die Chinesen die Angreifer waren.[182] Die, wie es in der chinesischen Propaganda hieß, zur „Befreiung" Tibets vom „britischen imperialistischen Joch" 1950 nach Tibet entsandte Volksbefreiungsarmee schlug die tibetische und zwang sie zur Kapitulation, verzichtete aber auf die Besetzung des ganzen Landes, einschließlich seiner Hauptstadt Lhasa. Am 23. Mai 1951 wurde ein Friedensvertrag abgeschlossen. Er bestand aus 17 Punkten und sah vor, dass ganz Tibet in den chinesischen Staat integriert werden sollte. Tibet sollte über regionale Autonomie verfügen und an seinem bisherigen politischen System festhalten dürfen. Außerdem wurde den Tibetern die volle Religionsfreiheit zugesichert.

Diesem Abkommen, das offensichtlich ohne Wissen des Dalai Lama abgeschlossen worden war, stimmten der Dalai Lama und die Regierung am 24. Oktober 1951 zu. Damit war es rechtskräftig geworden. Jedenfalls nach dem damals geltenden Völkerrecht. Daran hat sich bis heute nichts geändert. Mit der Berufung auf das Abkommen von 1951 können die Tibeter allenfalls die regionale Autonomie ihres Landes und die Beachtung ihrer Religionsfreiheit einklagen, aber nicht die Unabhängigkeit Tibets fordern. Mehr will auch der Dalai Lama heute nicht. Doch dies ist einigen Tibetern nicht genug. Sie wollen ein völlig freies Tibet. Begründen sie das auch mit religiösen Argumenten? Weist der tibetische Widerstand gegen die chinesische Besatzungsherrschaft eine fundamentalistische Färbung auf?

Widerstand

Der tibetische Widerstand begann unmittelbar nach dem Abschluss des 17-Punkte-Abkommens und der anschließenden Besetzung des gesamten Landes durch chinesische Truppen. Anlass waren die Landreform, die Errichtung von sogenannten Volkskommunen und die zwanghafte Sesshaftmachung der tibetischen Nomaden im nunmehrigen „Autonomen Gebiet Tibet". Es kam zu mehreren Unruhen und regionalen Aufständen, die von den Chinesen jedoch schnell und unter Verwendung äußerst brutaler Methoden niedergeschlagen wurden. Doch dies stachelte den Widerstand der Tibeter erst richtig an. Sie erregten sich zudem darüber, dass ihr geistliches und formal auch noch politisches Oberhaupt, der Dalai Lama, von den Chinesen nicht so geachtet und respektiert wurde, wie sich das nach tibetischer Auffassung gehörte. Was genau damit gemeint war, habe ich jedoch nicht herausfinden können.[183] Doch das muss auch nicht sein. Sicher und in unserem Zusammenhang wichtig ist, dass der große Tibetaufstand, der am 10. März 1959 ausbrach und bis zum 21. März dauerte, neben politischen und sozialen auch religiöse Ursachen hatte. Den aufständischen Tibetern ging es nicht nur um die Wiedererlangung der politischen Freiheit und die Bewahrung der bisherigen sozialen Struktur, sondern auch um die Verteidigung ihrer kulturellen und religiösen

Identität. Symbol und Verkörperung für alles war der Dalai Lama. Die Tibeter kämpften nicht nur für sich und ihr Land, sondern auch für ihn.

Dies scheint dem Dalai Lama auch bewusst gewesen zu sein. Obwohl er nach allem, was wir wissen, für den Aufstand nicht verantwortlich war und auch gar nicht zu ihm aufgerufen hatte, übernahm er die historische Verantwortung und die politische Führung des tibetischen Widerstandes. Dies aus seinem indischen Exil, wo er eine tibetische Exilregierung bildete, welche die Tibeter zu weiteren Widerstandshandlungen aufforderte. An sich kein ungewöhnlicher oder gar zu verurteilender Vorgang. Zum Widerstand aufgerufen haben auch andere Exilregierungen. Einige sogar mit Erfolg. Doch das muss nicht sein und ist nicht der einzige Grund, Widerstand aus dem Exil für legitim zu halten. Es kommt darauf an, wie er begründet und mit welchen Methoden er geführt wird. Der tibetische war und ist ein mit überwiegend friedlichen Methoden geführter, aber mit fundamentalistischen Ideologien begründeter Widerstand. Beides geschah als Reaktion auf die chinesische Verfolgung. Sie hatte und hat bis heute einen terroristischen Charakter und hatte wenigstens temporär eine antireligiöse Zielsetzung.

Schon der große Aufstand vom März 1959 wurde nicht nur mit militärischen, sondern auch mit terroristischen Methoden niedergeschlagen. Zu Opfern wurden nicht nur Militärs, sondern auch Mönche. Die tibetischen Mönche und Nonnen waren es auch, welche die brutale Wut der chinesischen Roten Garden zu spüren bekamen, die während der sogenannten chinesischen Kulturrevolution in den Jahren 1966 bis 1976 auch über Tibet herfielen. Viele Mönche und Nonnen wurden ermordet oder zumindest aus ihren Klöstern vertrieben, die verbrannt und zerstört wurden. Zerstört und geschändet wurden auch fast alle buddhistischen Tempel und die meisten tibetischen Kulturdenkmäler. Dies geschah bewusst und aus eigenem Antrieb der antireligiös eingestellten Roten Garden.[184]

Die Verfolgung der buddhistischen Tibeter war eine der größten und schlimmsten Religionsverfolgungen der Geschichte. Sie forderte nicht nur viele Opfer; den Tibetern sollte neben ihrer politischen Freiheit auch ihre kulturelle und religiöse Identität genommen werden. In der Folgezeit verloren sie auch noch große Teile ihres Landes, das von Chinesen besiedelt wurde.[185] Die Tibeter wurden mehr und mehr zu einer Minderheit im eigenen Land. Nach der Meinung einiger Autoren wurde und wird an ihnen ein Völkermord begangen.[186]

Dass sich die Tibeter gegen ihre Verfolgung und die Unterdrückung ihrer Religion wehrten, war und ist verständlich. Ebenso verständlich wäre es, wenn sie dazu von ihrem Dalai Lama aufgerufen und aktiv unterstützt worden wären. Das ist aber nicht bewiesen und wäre auch kaum möglich gewesen. Denn hierzu war der Dalai Lama nicht in der Lage. Doch was auch immer geschehen oder nicht geschehen ist, es war vergeblich. Die Unruhen, die 1987 und 1989 und dann wieder im März 2008 ausbrachen, wurden erstickt.[187] Über ganz Tibet wurde der Ausnahmezustand ausgerufen. Er ist bis heute nicht aufgehoben worden.[188]

All dies stieß jedoch auf die zunehmende Kritik der sogenannten freien Welt. Immer mehr Menschen aus fast aller Welt interessierten sich für das Schicksal der unterdrückten Tibeter und sympathisierten mit ihnen. Doch noch mehr interessierten sie sich für und sympathisierten mit dem Dalai Lama. Er war es nämlich, der rastlos fast alle Länder der Welt bereiste, um Sympathien für seine Person und sein Land zu gewinnen. Wie bereits erwähnt, mit zunehmendem Erfolg. Tibet kennt zwar immer noch kaum jemand, doch immer mehr meinen, es so zu kennen, dass sie sich für seine Freiheit einsetzen. Auch dies ist der Verdienst des Dalai Lama, der nicht trotz, sondern gerade wegen seines Eintretens für Tibet gepriesen und mit Preisen geradezu überhäuft wurde.[189]

Dies auch von den Repräsentanten fast aller anderen Religionen.[190] Sie scheinen sich an der Verherrlichung des Dalai Lama in fast aller Welt und durch Angehörige nahezu aller Religionen nicht zu stören, was insofern bemerkenswert ist, weil sich der vom Dalai Lama gewissermaßen repräsentierte Buddhismus zu einer Konkurrenz-Religion entwickelt hat, die vor allem auf Christen eine große und immer größer werdende Anziehungskraft ausübt.

Die Chinesen oder – formulieren wir besser etwas zurückhaltender und vielleicht auch zutreffender – die chinesische Führung sieht das alles jedoch anders. Sie wirft dem Dalai Lama vor, die Tibeter generell zum Widerstand angestachelt und zu den erwähnten Aufständen aufgerufen zu haben. Dies in seiner politischen und religiösen Funktion und mit politischen und religiösen Argumenten. Also als Fundamentalist und mit fundamentalistischen Motiven.

Dieser chinesischen Argumentation haben sich auch einige vehemente Atheisten und radikale Religionskritiker in einigen westlichen Ländern angeschlossen.[191] Auch sie werfen dem Dalai Lama vor, öffentlich Frieden zu predigen, aber insgeheim Krieg zu propagieren. Und dies noch mit fundamentalistischen Argumenten.[192]

Stimmt das? Wie fundamentalistisch denkt und handelt der Dalai Lama? Ist dieser Friedensnobelpreisträger gar ein verkappter Bellizist? Natürlich nicht. Der Dalai Lama vertritt einen fundamentalistisch begründeten Pazifismus.

Pazifismus

Über die politische Tätigkeit des Dalai Lama[193] sind wir aber sehr unzureichend informiert. Interne Quellen wie seine diplomatische Korrespondenz oder die Protokolle seiner Kabinettssitzungen liegen nicht vor. Wenn es sie überhaupt gibt, so sind sie der Öffentlichkeit genauso wenig zugänglich wie die Regierungsdokumente anderer Staaten. Der von chinesischer Seite immer wieder erhobene Vorwurf, der Dalai Lama habe sich in unzulässiger Weise in die aus chinesischer Sicht inneren Angelegenheiten Chinas eingemischt, kann daher weder bewiesen noch widerlegt werden.

Sehr viel wissen wir hingegen über seine Tätigkeit als Theologe, Philosoph und Vermittler von Religion und Wissenschaft.[194] Der Dalai Lama hat über theologische,[195] philosophische[196] und wissenschaftliche[197] Fragen zahlreiche Bücher publiziert, die in fast alle Sprachen übersetzt worden sind und überall hohe Auflagen erreicht haben.[198]

Aus ihnen geht hervor, dass es sich beim Dalai Lama, der vielfach auch mit seinem Priesternamen Tendzin Gyatsho angesprochen wird,[199] was ihm selbst offensichtlich recht ist, sicherlich nicht um einen ganz großen, wohl aber um einen äußerst wirkungsvollen Denker handelt. Sein größter und wahrscheinlich auch bleibender Verdienst besteht in der Verbindung von Philosophie und Theologie (sie gehören für ihn ohnehin zusammen) mit der Wissenschaft. Entstanden ist so etwas wie eine Ganzheits-Lehre.

Mit ihr hat er das vollbracht, was vor ihm kaum jemandem gelungen ist: eine theologische, philosophische und wissenschaftliche Begründung des Pazifismus. Er kann hier mit (Friedens-)Theoretikern wie Erich Fried, (Friedens-)Philosophen wie Immanuel Kant und selbst mit dem (Friedens-)Religionsstifter Jesus von Nazareth verglichen werden. Diese Vergleiche sind sicherlich etwas zu hoch gegriffen, aber nicht ganz unberechtigt. Tendzin Gyatsho wird wahrscheinlich als der wichtigste Pazifist in die Geschichte eingehen. Dass er seinen Pazifismus auch fundamentalistisch begründet, wobei er aber immer betont, dass ein Frieden ohne Beachtung der Menschenrechte nicht möglich sei, ist ein Anlass, folgendes positive Fazit zu ziehen.

Fazit

Der vom Dalai Lama vertretene und repräsentierte buddhistische Fundamentalismus ist nicht zu verurteilen, sondern ganz im Gegenteil zu preisen, weil er die universellen Werte von Menschenrecht und Menschenwürde achtet und die Regeln und Prinzipien der Demokratie beachtet. Ist das Grund und Anlass, unser negatives Urteil über den Fundamentalismus generell zu revidieren? Wie gefährlich ist der Fundamentalismus?

Grenzen der Toleranz
Wie gefährlich ist der Fundamentalismus?
Zusammenfassung

Fundamentalismus soll gefährlich sein und die Grenzen der Toleranz überschreiten? Wer gerade die Ausführungen über den Dalai Lama gelesen hat, wird gegen diese in der Einleitung aufgestellte These heftig protestieren. Dies mit Recht. Der vom Dalai Lama vertretene und repräsentierte buddhistische Fundamentalismus ist nicht gefährlich. Er ist nicht nur zu tolerieren, sondern vielleicht sogar zu preisen, weil er die universellen Werte von Menschenrecht und Menschenwürde achtet und die Regeln und Prinzipien der Demokratie beachtet.

Zumindest achten sollte man auch den tibetischen Widerstand gegen die chinesische Besatzungsherrschaft. Nicht nur obwohl, sondern weil er auch religiös begründet wird. Das heißt jedoch nicht, das alte Tibet zu verherrlichen. Denn dabei handelte es sich um einen theokratischen Ordensstaat, der fundamentalistisch im religiösen wie politischen Sinne war. Seine Wiederherstellung zu fordern wäre falsch und gefährlich. Doch das scheint die tibetische Widerstandsbewegung auch gar nicht zu wollen. Sie ist zwar längst nicht so friedfertig, wie es der Dalai Lama darstellt, hat aber immer noch eine demokratische Zielsetzung.

Die buddhistischen Bewegungen im früheren Südvietnam sowie in Birma, Sri Lanka und Thailand waren und sind weder das eine noch das andere. Ihre politischen Ziele waren und sind keineswegs immer demokratisch und ihre dabei verwandten politischen Methoden sind keineswegs immer und überall als friedfertig einzuschätzen. All das berechtigt, den buddhistischen Fundamentalismus zwar noch nicht als gefährlich, wohl aber als höchst ambivalent einzuschätzen.

Ähnliches gilt für den hinduistischen Fundamentalismus. Das war aber nicht immer so und bedarf der näheren Erklärung. Der Hinduismus als Religion hat nämlich einen universalistischen Charakter. Er duldet nicht nur alle anderen Religionen, er hat in seiner Geschichte immer wieder Elemente anderer Religionen in sich aufgenommen. Doch das galt und gilt nicht für die strikt monotheistischen Religionen des Christentums und des Islam, deren Angehörigen nur einen Gott kennen und verehren dürfen – und seine Verehrung auch den Angehörigen anderer Religionen aufdrängen müssen. Gegen die Mission durch die islamischen Moguln und dann durch die christlichen Kolonialherren haben sich die Angehörigen der hinduistischen Religion immer gewehrt. Dies war berechtigt. Nicht berechtigt war und ist jedoch, dass auch einige Angehörige der hinduistischen Religion Angriffe auf die der christlichen und islamischen Religionsgemeinschaften ausgeübt haben und dies immer noch tun.

Außerdem ist es in Indien zur Entstehung einiger hinduistisch-fundamentalistischer Parteien gekommen. Die wichtigste und gefährlichste ist die Indische Volkspartei „Bharatiya Janata". Sie verfolgt eine hinduistisch-fundamentalistische Zielsetzung und sucht sie sowohl im innen- wie außenpolitischen Bereich zu verwirklichen. Im Innern soll das Kastensystem bewahrt und durchgesetzt werden, wodurch die Angehörigen der unteren Kasten und die Frauen aller Kasten diskriminiert werden. Im außenpolitischen Bereich strebt die BJP die Schaffung eines hinduistischen Großreiches an, das ganz Kaschmir und möglicherweise noch Teile Pakistans umfassen soll. Das heizt den niemals beigelegten Konflikt mit dem pakistanischen Nachbarn an und kann einen erneuten Krieg auslösen, der von beiden Seiten mit fundamentalistischen Motiven begründet und ebenfalls von beiden Seiten mit nuklearen Waffen geführt werden kann. Ein derartiger Religionskrieg könnte zu einer kosmischen Katastrophe führen, weil er nicht mehr zu lokalisieren wäre.

Ist Ähnliches auch von Israel zu befürchten? Bedroht die (vermutete!) Atommacht Israel den Weltfrieden, wie dies von Antizionisten und Antisemiten in aller Welt behauptet wird? Natürlich nicht! Israel ist ein – im gesamten Nahen Osten sogar der einzige – demokratischer und säkularer Nationalstaat. Gegründet wurde er von der nationalen und keineswegs fundamentalistisch geprägten zionistischen Bewegung. Israel ist zionistisch, aber nicht fundamentalistisch. Sein zionistischer Charakter wird aber von einigen jüdisch-fundamentalistischen Gruppierungen infrage gestellt. Die jüdischen Fundamentalisten berufen sich dabei auf das alte Israel, das fundamentalistisch im religiösen und politischen Sinne war. Das Judentum als Religion war und ist das nicht. Es muss und will niemandem missionieren oder dazu zwingen, die jüdische Rechtsordnung zu akzeptieren oder gar zu übernehmen.

Das trifft nicht auf den islamischen Fundamentalismus zu. Denn dieser lehnt die universelle Gültigkeit der Menschenrechte ab, was mit einer fundamentalistischen Auslegung des Korans begründet wird. Betroffen sind Frauen und Angehörige anderer Religionen, die nicht als gleichwertig angesehen werden, diskriminiert und sogar bekämpft werden können. Dies war im arabischen Großreich und in abgemilderter Form auch im Osmanischen Reich und ist heute in einigen islamisch fundamentalistischen Staaten wie Saudi-Arabien und zum Teil auch in Pakistan der Fall. Noch gefährlicher als dieser ‚alte und traditionelle' ist der ‚neue und radikale' islamische Fundamentalismus.

Repräsentiert wird er von einigen islamistischen Bewegungen, die alle erst im 20. Jahrhundert als Reaktion auf den europäischen und arabischen säkularen Nationalismus entstanden sind. Sie sind inzwischen in fast allen Ländern des Nahen und Mittleren Ostens zur Macht gekommen. Hier sowie in einigen anderen afrikanischen und asiatischen Staaten wurden oder werden in Kürze islamistische Regime installiert. Sie haben (oder werden das tun) die islamistische Rechtsordnung der Scharia eingeführt und drohen Israel und der gesamten westlichen Welt mit einem neuen „Dschihad", das heißt mit einem „heiligen Krieg", der mit einer fundamentalistischen (aber vermutlich fälschlichen) Auslegung des Korans begründet wird. Einige, allerdings kleinere islamistische Gruppierungen haben diesen unverantwortlichen Worten bereits verbrecherische Taten folgen lassen und islamistisch motivierte Terroranschläge gegen christliche und jüdische Personen und Institutionen verübt.

Natürlich ist das alles nicht zu tolerieren. Dieser Islamismus ist gefährlich. Er kann und muss bekämpft werden. Das einzufordern ist legitim und hat mit Intoleranz und Anti-Islamismus nichts gemein. Dennoch muss zwischen Islam und Islamismus differenziert werden. Der Islam als Religion ist zu tolerieren. Abzulehnen und zu bekämpfen ist der Islamismus. Doch nicht er allein, sondern Fundamentalismus generell. Jede zur Ideologie gemachte Religion, die der Legitimation einer antidemokratischen Politik dient, welche gegen die universalistischen Werte von Menschenrecht und Menschenwürde verstößt, ist als fundamentalistisch einzuschätzen und nicht zu tolerieren.

Doch dies ist leichter gesagt als getan. Viele Kritiker des Fundamentalismus waren oder sind nämlich selbst fundamentalistisch eingestellt. Sie neigen dazu, bei der Kritik des fundamentalistischen Splitters bei anderen den fundamentalistischen Balken im eigenen Auge zu übersehen. Wie ist das bei uns? Bei uns Christen und Namenschristen sowie Atheisten, die trotz ihrer Ablehnung jeglicher Religion ihre christliche Prägung nicht verleugnen können? Müssen wir nicht vor aller Kritik des Fundamentalismus in den anderen Weltreligionen den christlichen Fundamentalismus kritisieren?

Natürlich! Schließlich war der christliche der gefährlichste Fundamentalismus. In seinem Zeichen sind einige der schlimmsten Verbrechen der Geschichte der Menschheit begangen worden. Die Reihe ist lang. Sie beginnt mit den Kreuzzügen und Verfolgungen der Hexen und Ketzer und führt über die Versklavung der Afrikaner zum Kolonialismus und Imperialismus. Hinzu kommen die Verbrechen, welche die christlichen Religionsgemeinschaften untereinander und gegeneinander verübt haben – die ebenfalls christlich-fundamentalistisch motivierten Religionskriege und Verfolgungen von Christen, die einer anderen christlichen Konfession angehörten. All das macht uns befangen und sollte bei der Einschätzung des Fundamentalismus berücksichtigt werden. Nicht nur des Fundamentalismus in den nicht christlichen Weltreligionen, sondern auch des Fundamentalismus in den christlichen Konfessionen. Zunächst zum orthodoxen Fundamentalismus in Russland.

Die russisch-orthodoxe Kirche war und ist fundamentalistisch im religiösen und politischen Sinne. Sie bestreitet die Gültigkeit der universalistischen Werte von Menschenrecht und Menschenwürde und lehnt die Demokratie ab. Von ihrer in der Vergangenheit betriebenen antihumanen und antidemokratischen Politik hat sie sich bisher nicht distanziert. Gemeint sind ihre uneingeschränkte Unterstützung des autoritären zaristischen Regimes und ihre Beteiligung an der (überwiegend religiös motivierten) Diskriminierung und Verfolgung der russischen Juden. Wegen ihrer unbewältigten Vergangenheit ist oder scheint sie zumindest nicht in der Lage zu sein, die Gegenwart zu bewältigen, indem sie ihren Autoritarismus und Antisemitismus überwindet und sich an der Demokratisierung ihres Landes beteiligt. All dies darf nicht mit dem Hinweis auf die grausamen Verfolgungen entschuldigt werden, denen die russisch-orthodoxe Kirche in der kommunistischen Zeit ausgesetzt worden ist.

Ähnliches gilt für die übrigen orthodoxen Kirchen in Bulgarien, Griechenland, Rumänien und Serbien. Sie waren ihrer jeweiligen Obrigkeit immer treu ergeben und haben zu ihren Verbrechen geschwiegen oder sich sogar an ihnen beteiligt. Gemeint sind die Diskriminierung und Verfolgung von Angehörigen der nicht christlichen Minderheiten, allen voran der Juden und Muslime, die Billigung von Angriffskriegen und die einseitige Parteinahme für die jeweilige orthodoxe und nationale Sache in Bürgerkriegen wie jenen im früheren Jugoslawien. Schließlich und nicht zuletzt ist die mangelnde Akzeptanz der Demokratie zu erwähnen, die in einigen Ländern zu einer offenen Ablehnung der demokratischen Werte geführt hat. All das wurde mit orthodox-fundamentalistischen Ideologien begründet. Dennoch waren und sind diese Länder nicht so fundamentalistisch und antidemokratisch, wie es das zaristische Russland war und wie es das gegenwärtige Russland zu werden droht.

Dass mit dieser kritischen Einschätzung des orthodoxen Fundamentalismus kein Urteil und schon gar kein negatives über die gesamte orthodoxe Glaubensgemeinschaft gefällt wird, muss wohl nicht eigens betont werden. Der orthodoxe Glaube ist vom orthodoxen Fundamentalismus zu unterscheiden.

Gleiches gilt natürlich auch für den Katholizismus. Auch er ist vom katholischen Fundamentalismus zu differenzieren. Seine Geschichte und Gegenwart wurde am Beispiel Spaniens behandelt – und sehr kritisch eingeschätzt.[200] Das berechtigt uns aber nicht, ein negatives Urteil über den katholischen Fundamentalismus insgesamt zu fällen. Er war und ist nicht überall in der Welt als gefährlich einzuschätzen und zu verurteilen. Hinzuweisen ist auf Mittel- und Südamerika. Hier haben fundamentalistische Katholiken die dortigen Diktaturen bekämpft – und dies unter Berufung auf eine katholisch-fundamentalistische Ideologie. Gemeint ist die sogenannte Befreiungstheologie. Ihre Vertreter haben die universelle Gültigkeit der Menschenrechte anerkannt und von den jeweiligen Diktaturen eingefordert. Sie sollten gestürzt und durch Demokratien ersetzt werden – notfalls auch mit Gewalt. Dies ging der Kirchenführung zu weit. Papst Benedikt XVI. und sein Vorgänger Johannes Paul II. haben daher die Befreiungstheologie scharf kritisiert und als unchristlich bezeichnet. Zugleich haben sie aber noch einmal die universelle Gültigkeit der Menschenrechte bekräftigt und sich zu den demokratischen Werten bekannt. Das haben inzwischen auch die Repräsentanten der katholischen Kirchen in allen Ländern der Welt getan. Überall sind die Ideen der Aufklärung anerkannt und die fundamentalistisch begründeten Ideologien des Antisemitismus und Rassismus überwunden und als unchristlich gebrandmarkt worden. Auf die katholisch-fundamentalistischen Bewegungen und Strömungen, bei denen das nicht oder nicht so der Fall ist, soll hier nicht weiter eingegangen werden.

Kommen wir stattdessen zu dem zurück, womit wir begonnen haben – dem protestantischen Fundamentalismus. Er wurde am Beispiel der USA behandelt – und insgesamt als positiv eingeschätzt. In den USA hat es zwar einige antidemokratische fundamentalistische Bewegungen gegeben, sie haben aber niemals den demokratischen Charakter der USA gefährdet. Obwohl die USA in einigen Phasen ihrer Geschichte eine fundamentalistisch motivierte Außen- und Innenpolitik betrieben haben, sind sie das geblieben, was sie von Anfang an waren – eine Demokratie, in der die universellen Werte von Menschenrecht und Menschenwürde – fast immer – beachtet worden sind. Dies nicht trotz, sondern wegen ihrer protestantisch-fundamentalistischen Staatsideologie, der „civil religion", und des Glaubens an die „offensichtliche Bestimmung" („manifest destiny") von „God´s own country".

Daher wird die amerikanische Demokratie in vielen Ländern der Welt gepriesen und als Vorbild angesehen. So etwa von den skandinavischen. Hier waren die noch sehr fundamentalistisch geprägten lutherischen Kirchen ihrer jeweiligen Obrigkeit auch dann noch gehorsam und treu ergeben, als sich diese demokratisiert hatte. Die hier etablierten Demokratien sind von protestantisch-fundamentalistischer Seite aus nicht bekämpft, sondern immer gegen äußere und innere Feinde verteidigt worden.

Das ist jetzt auch in Deutschland der Fall. Hier haben alle protestantischen Kirchen die demokratische Staatsordnung anerkannt und sich von ihrer vorherigen antidemokratischen Einstellung distanziert. Außerdem ist allen fundamentalistischen Ideologien eine klare Absage erteilt worden.[201] Das ist bereits im Mai 1934 durch die Barmer Bekenntnissynode geschehen. Der politische Fundamentalismus wurde mit dem folgenden Satz in der 5. These der Barmer Theologischen Erklärung verworfen:

„Wir verwerfen die falsche Lehre, als solle und könne der Staat über seinen besonderen Auftrag hinaus die einzige und totale Ordnung menschlichen Lebens werden und also auch die Bestimmung der Kirche erfüllen."

Der nachfolgende Satz richtete sich gegen den religiösen Fundamentalismus:

„Wir verwerfen die falsche Lehre, als solle und könne sich die Kirche über ihren besonderen Auftrag hinaus staatliche Art, staatliche Aufgaben und staatliche Würde aneignen und damit selbst zu einem Organ des Staates werden."[202]

Damit scheint alles gesagt worden zu sein. Fundamentalismus ist eine „falsche Lehre", der man nicht folgen soll und darf. Fundamentalismus ist gefährlich und nicht zu tolerieren. Doch wer darf das wann, wo und wie sagen und machen? Dürfen ‚wir Deutsche' das? Dürfen wir das als Angehörige einer christlichen Religionsgemeinschaft, um den etwas belasteten Begriff „deutsche Christen" zu vermeiden? Ich meine, ja.

In Deutschland haben die Christen beider Konfessionen ihre eigene fundamentalistische Vergangenheit überwunden und weitgehend aufgearbeitet. Die Verfolgung von Angehörigen anderer Religionen – seien es Heiden, Juden oder Muslime – im Mittelalter und die Religionskriege zwischen Katholiken und Protestanten in der Frühen Neuzeit werden heute von niemandem mehr gerechtfertigt oder gar als Vorbild gepriesen. Die in beiden Kirchen lange Zeit verbreiteten fundamentalistischen Ideologien des Antisemitismus, Antifeminismus und Autoritarismus sind weitgehend überwunden. Die universelle Gültigkeit der Menschenrechte und die Regeln und Prinzipien der Demokratie sind anerkannt worden.

Da all das bei uns der Fall ist, haben wir auch das Recht, jene Länder zu kritisieren, in denen das nicht der Fall ist. Nirgendwo auf der Welt dürfen die Angehörigen anderer Religionen verfolgt werden. Überall müssen Religionskriege verhindert, die Gültigkeit der

Menschenrechte eingefordert und die Regeln und Prinzipien der Demokratie beachtet werden. Doch wie kann und soll das geschehen? Darf man gewaltsam gegen Fundamentalismus in den Weltreligionen vorgehen oder gar Interventionskriege gegen einzelne Länder führen?

Zweifellos nicht! Der vielfach prophezeite „Kampf der Kulturen" und, wie zu ergänzen wäre, „Kampf der Religionen" muss verhindert werden. Dennoch ist nicht alles zu tolerieren und klaglos hinzunehmen. Wir dürfen nicht nur, wir müssen uns vor fundamentalistisch motivierten Gewaltanschlägen schützen. Wir haben das Recht, unsere Rechtsordnung durchzusetzen und unsere Demokratie zu verteidigen. Dies aber ohne unsere Rechtsordnung zu verletzen und unsere Demokratie einzuschränken. Das ist aber leichter gesagt als getan. Allgemein verbindliche Regeln und generell gültige Lösungen gibt es nicht. Handelt es sich doch immer um Einzelfälle, die einer besonderen Behandlung bedürfen. Dazu einige aktuelle Beispiele.

Zurzeit (September 2012) wird in Deutschland heftig über die Rechtmäßigkeit der Beschneidung von jüdischen und muslimischen Knaben diskutiert. Dabei handelt es sich um ein religiöses, genauer religiös-fundamentalistisches Gebot, das sowohl im Judentum als auch im Islam zu finden ist. Ist es mit dem Hinweis auf die in unserer Verfassung garantierte Religionsfreiheit zu tolerieren oder verstößt es gegen die in unserer Rechts- und Verfassungsordnung ebenfalls vorgeschriebene und geschützte körperliche Unversehrtheit aller Personen?

Diese Frage zu beantworten ist die Aufgabe der Gerichte und des Gesetzgebers. Deren Entscheidungen sind zwar grundsätzlich anfechtbar, aber letztlich zu respektieren – jedenfalls in einem Staat, in dem das Prinzip der Gewaltenteilung zwischen Exekutive, Legislative und Judikative gilt. Dies haben alle Staatsbürger ohne Ansehen ihrer Religionszugehörigkeit zu respektieren.

Schwieriger lösbar ist ein weiterer Konfliktfall. Er hat sich an einem amerikanischen Kurzfilm entzündet, in dem der Prophet Mohammed beleidigt worden sein soll. Dieser Film wurde genau wie die Mohammed-Karikaturen des Dänen Kurt Westergaard von Muslimen in aller Welt als Gotteslästerung angesehen und hat wiederum in aller Welt heftige Proteste ausgelöst. Sie führten zur Verletzung und Tötung von mehreren Menschen. Diese religiös, genauer islamisch-fundamentalistisch motivierten Gewaltausbrüche sind in allen christlichen, aber keineswegs in allen islamischen Ländern verurteilt worden. Die angebliche Gotteslästerung ist dagegen nicht nur in allen islamischen, sondern auch in einigen christlichen Ländern scharf kritisiert worden. Vor allem in solchen, in denen Gotteslästerung immer noch unter Strafe gestellt ist. War und ist das berechtigt? Steht das Grundrecht der Meinungsfreiheit nicht über dem Straftatbestand der Gotteslästerung? Ich meine, ja, und plädiere für die Abschaffung oder zumindest Abmilderung des entsprechenden Paragrafen in unserem und in den Strafgesetzbüchern anderer Länder.[203]

Viel schärfer zu verurteilen und eindeutiger zurückzuweisen sind, um ein weiteres und zugleich letztes Beispiel zu nennen, die wohlgemerkt religiös begründeten und auch so formulierten Mordaufrufe, die in regelmäßigen Abständen von Repräsentanten der islamischen Religionsgemeinschaften gegen verschiedene Künstler und Schriftsteller ergangen sind. Das ist nirgendwo und von niemandem zu tolerieren und stellt ein besonders schlimmes Beispiel für die besondere Gefährlichkeit des islamischen Fundamentalismus dar. Es darf uns aber nicht dazu verleiten, die Gefährlichkeit der anderen politischen und religiösen Formen und Varianten des Fundamentalismus in den anderen Weltreligionen zu unterschätzen. Fundamentalismus generell ist gefährlich und nicht zu tolerieren.

Literaturverzeichnis

Abdallah, Laila: Islamischer Fundamentalismus – eine fundamentalistische Fehlwahrnehmung? Zur Rolle von Orientalismus in westlichen Analysen des islamischen Fundamentalismus, Berlin 1998.

Adam, Werner: Das neue Russland. Putins Aufbruch mit schwerem Erbe, Wien 2000.

Ali, Tariq: Fundamentalismus im Kampf um die Weltordnung, München 2003.

Almond Gabriel A./Appleby, Scott R./Sivan, Emmanuel: Strong Religion. The Rise of Fundamentalism around the World, Chicago 2003.

Armstrong, Karen: Im Kampf für Gott. Fundamentalismus in Christentum, Judentum und Islam, München 2004.

Bärsch, Claus Ekkehard: Die politische Religion des Nationalsozialismus, München 1997.

Barber, Benjamin R.: Coca-Cola und Heiliger Krieg: Wie Kapitalismus und Fundamentalismus Demokratie und Freiheit abschaffen, Bern 1997.

Barr, James: Fundamentalismus, München 1981.

Barth, Boris/Osterhammel, Jürgen (Hrsg.): Zivilisierungsmission, Konstanz 2005.

Bartholomeusz, Tessa J./De Silva, Chandra Richard (Hrsg.): Buddhist Fundamentalism and Minority Identities in Sri Lanka, New York 1998.

Battenberg, Friedrich: Das europäische Zeitalter der Juden. Zur Entwicklung einer Minderheit in der nichtjüdischen Umwelt Europas, Bd. 1–2, Darmstadt 1990.

Bauer, Kirsten: Stichwort Fundamentalismus, München 1999.

Becker, Heinz/Gombrich, Richard: Der Buddhismus. Geschichte und Gegenwart, München 2002.

Beevor, Anthony: Der Spanische Bürgerkrieg, München 2006.

Ben-Ari, Gal: Die Saat des Hasses. Juden und Israel in den arabischen Medien, Holzgerlingen 2002.

Bennasser, Bartolomé/Vincent, Bernard: Spanien. 16. und 17. Jahrhundert, Stuttgart 1999.
Berman, Paul: Terror und Liberalismus, Frankfurt/M. 2004.
Bernecker, Walther L.: Spaniens Geschichte seit dem Bürgerkrieg, München 1988.
Bernecker, Walther L.: Sozialgeschichte Spaniens im 19. und 20. Jahrhundert. Vom Ancien Régime zur parlamentarischen Demokratie, Frankfurt/M. 1990.
Bernecker, Walther L.: Religion in Spanien, Gütersloh 1995.
Bernecker, Walther L.: Spanische Geschichte. Von der Reconquista bis heute, Darmstadt 2002.
Bernecker, Walther L./Pietschmann, Horst: Geschichte Spaniens, Stuttgart 1993.
Bernstein, Reiner: Geschichte des Staates Israel. Von der Gründung 1948 bis heute, Schwalbach 1990.
Bielefeldt, Heiner/Heitmeyer, Wilhelm (Hrsg.): Politisierte Religion: Ursachen und Erscheinungsformen des modernen Fundamentalismus, Frankfurt/M. 1998.
Blinkhorn, Martin: Carlism in Crisis in Spain, 1931–1939, Cambridge 1975.
Bohm, Thomas M. (Hrsg.): Geschichte des russischen Reiches und der Sowjetunion, Köln 2009.
Bremer, Thomas: Kreuz und Kreml. Kleine Geschichte der orthodoxen Kirche in Russland, Freiburg 2007.
Brenner, Michael: Geschichte des Zionismus, München 2002.
Brocker, Manfred: Protest – Anpassung – Etablierung. Die christliche Rechte im politischen System der USA, Frankfurt/M. 2004.
Brocker, Manfred (Hrsg.): God bless America. Politik und Religion in den USA, Darmstadt 2005.
Brück, Michael von: Die Welt des tibetischen Buddhismus, München 1996.
Brück, Michael von: Einführung in den Buddhismus, Frankfurt/M. 2007.
Brück, Regina von/Brück, Michael von: Die Welt des tibetischen Buddhismus, München 1996.
Bundesministerium des Inneren (Hrsg.): Islamismus, Berlin 2004.
Caute, David: The Great Fear. The Anti-Communist Purge under Truman and Eisenhower, New York 1978.

Chalmers, David M.: Hooded Americanism. The First Century of the Ku Klux Klan, 1865–1965, Durham 1987.
Clauss, Manfred: Geschichte des alten Israel, München 2009.
Conze, Edward: Der Buddhismus. Wesen und Entwicklung, Stuttgart 1995.
Courtois, Stéphane u. a. (Hrsg.): Das Schwarzbuch des Kommunismus, München 1998.
Daftary, Farhard: The Assassine Legend. Mythos of Ismailis, London 1995.
Damir-Geilsdorf, Sabine: Herrschaft und Gesellschaft. Der islamistische Wegbereiter Sayyid Qutb, Würzburg 2003.
Davidson, Lawrence: Islamic Fundamentalism, London 1998.
Delfs, Tobias: Hindu-Nationalismus und europäischer Faschismus. Vergleich, Transfer und Beziehungsgeschichte, Hamburg 2008.
Donnert, Erich: Russland (860–1917), Regensburg 1998.
Dormal, Michel: Terror und Politik. Eine politische Analyse des Islamismus aus Sicht einer kritischen Theorie von Antisemitismus und totaler Herrschaft, Berlin 2009.
Dubnow, Simon: Weltgeschichte des jüdischen Volkes von seinen Uranfängen bis zur Gegenwart, Bd. 1–12, Berlin 1929 ff.
El-Awaisi, Abd Al-Fattach Muhammed: The Muslim Brothers and the Palestine Question 1928–1947, London 1998.
Ellwood, Shealagh M.: Spanish Fascism in the Franco Era. Falange Espanola de las JONS 1936–1976, London 1987.
Figes, Orlando: Nataschas Tanz. Eine Kulturgeschichte Russlands, Berlin 2003.
Freiberger, Oliver/Kleine, Christoph: Buddhismus. Handbuch und kritische Einführung, Göttingen 2011.
Friedland, Richard: The Truman Doctrine and the Origins of McCarthyism, New York 1971.
Fukuyama, Francis: The End of History and the Last Man, New York 1992.
Fusi, Juan Pablo: Franco. Spanien unter der Diktatur 1936–1975, München 1992.
Gabriel, Mark A.: Islam und Terrorismus, Gräfeling 2004.
Gemein, Gisbert/Redmer, Hartmut: Islamischer Fundamentalismus, Münster 2005.
Gensicke, Klaus: Der Mufti von Jerusalem Amin el-Husseini und die Nationalsozialisten, Frankfurt/M. 1988.

Glasneck, Johannes/Timm, Angelika: Israel. Die Geschichte des Staates seit seiner Gründung, Bonn 1992.
Goldner, Colin: Dalai Lama. Fall eines Gottkönigs, Aschaffenburg 2008.
Goldstein, Melvyn: A History of Modern Tibet. The Calm Before the Storm, 1951–1955, Santa Barbara 2007.
Goldstein, Robert Justin: Political Repression in Modern America. From 1870 to the Present, Boston 1978.
Golombek, Renate: Der Islam: Anatomie einer unbarmherzigen Religion, Frankfurt/M. 1998.
Grasdorff, Gilles van: Der Dalai Lama. Die Biographie, Frankfurt/M. 2004.
Gray, John: Die Geburt al-Quaidas aus dem Geist der Moderne, München 2004.
Greive, Hermann: Geschichte des modernen Antisemitismus in Deutschland, Darmstadt 1983.
Griffith, Robert: The Politics of Joseph R. McCarthy and the Senate, Lexington 1970.
Grundmann, Johannes: Islamische Internationalisten. Strukturen und Aktivitäten der Muslimbruderschaft und der islamischen Weltliga, Wiesbaden 2005.
Haack, Friedrich Wilhelm: Mormonen, München 1989.
Hansen, Klaus J.: Mormonism and the American Experience, Chicago 1981.
Haumann, Heiko: Geschichte Russlands, Zürich 2003.
Hauth, Richard: Die Mormonen. Geheimreligion oder christliche Kirche?, Freiburg 1995.
Heale, Michael: American Anticommunism. Combating the Enemy Within. 1830–1970, Baltimore 1999.
Heideking, Jürgen: Geschichte der USA, Tübingen 2003.
Heine, Hartmut: Geschichte Spaniens in der frühen Neuzeit. 1400–1800, München 1984.
Heine, Peter: Terror in Allahs Namen. Extremistische Kräfte im Islam, Freiburg 2001.
Heller, Ertmute/Hassouna, Mosbahi (Hrsg.): Anthologie arabischer Intellektueller: Islam, Demokratie und Moderne, München 2001.
Hemminger, Hansjörg (Hrsg.): Fundamentalismus in der verwestlichten Kultur, Stuttgart 1991.

Herbeck, Ulrich: Das Feindbild vom „jüdischen Bolschewismus". Zur Geschichte des russischen Antisemitismus vor und während der Russischen Revolution, Berlin 2009.
Hermet, Guy: Die katholische Kirche im franquistischen Spanien, in: Peter Waldmann (Hrsg.): Sozialer Wandel und Herrschaft im Spanien Francos, Paderborn 1984, S. 237–258.
Herrmann, Peter (Hrsg.): Glaubenskriege in Vergangenheit und Gegenwart, Göttingen 1996.
Hertel, Peter: Schleichende Übernahme. Das Opus Dei unter Papst Benedikt XVI., Oberursel 2007.
Hildebrandt, Mathias (Hrsg.): Unfriedliche Religionen? Das politische Gewalt- und Konfliktpotenzial von Religionen, Wiesbaden 2005.
Hochgeschwender, Michael: Amerikanische Religion. Evangelikalismus, Pfingstlertum und Fundamentalismus, Frankfurt/M. 2007.
Hösch, Edgar: Geschichte Russlands vom Kiever Reich bis zum Zerfall des Sowjetimperiums, München 2008.
Holthaus, Stephan: Fundamentalismus in Deutschland. Der Kampf um die Bibel im Protestantismus des 19. und 20. Jahrhunderts, Bonn 2003.
Huntington, Samuel P.: Kampf der Kulturen, München 1997.
Jäggi, Christian/Krieger, David J.: Fundamentalismus, Zürich 1991.
Jaschke, Hans-Gerd: Fundamentalismus in Deutschland. Gottesstreiter und politische Extremisten bedrohen die Gesellschaft, Hamburg 1998.
Kappeler, Andreas: Russland als Vielvölkerreich. Entstehung, Geschichte, Zerfall, München 2008.
Katz, Jacob: Vom Vorurteil zur Vernichtung. Der Antisemitismus 1700–1933, München 1988.
Kellerhals, Emanuel: Der Islam. Geschichte, Leben und Lehre, Moers 2002.
Kepel, Gilles: Die Rache Gottes. Radikale Moslems, Christen und Juden auf dem Vormarsch, München 1994.
Kepel, Gilles: Die neuen Kreuzzüge. Die arabische Welt und die Zukunft des Westens, München 2004.
Kepel, Gilles: Das Schwarzbuch des Dschihad. Aufstieg und Niedergang des Islamismus, München 2002.

Kienzler, Klaus: Der religiöse Fundamentalismus: Christentum, Judentum, Islam, München 1996.
Kippenberg, Hans G.: Gewalt als Gottesdienst. Religionskriege im Zeitalter der Globalisierung, München 2008.
Kolnberger, Thomas (Hrsg.): Fundamentalismus und Terrorismus. Zur Geschichte und Gegenwart radikalisierter Religion, Essen 2007.
Kovel, Joel: Red Hunting in the Promised Land. Anticommunism and the Making of America, New York 1994.
Krämer, Gudrun: Minderheit, Millet, Nation? Die Juden in Ägypten 1914–1952, Wiesbaden 1982.
Krämer, Gudrun: Gottes Staat als Republik. Reflexionen zeitgenössischer Muslime zu Islam, Menschenrechten und Demokratie, Baden-Baden 2000.
Krämer, Gudrun: Geschichte des Islam, München 2005.
Krakauer, John: Under the Banner of Heaven. A Story of Violent Faith, New York 2003.
Kraus, Hartmut: Faschismus und Fundamentalismus, Osnabrück 2003.
Krautkrämer, Elmar: Krieg ohne Ende? Israel und die Palästinenser – Geschichte eines Konflikts, Darmstadt 2003.
Küntzel, Matthias: Djihad und Judenhaß. Über den neuen antijüdischen Krieg, Freiburg 2003.
Kulke, Hermann: Indische Geschichte bis 1750, München 2005.
Kulke, Hermann/Rothermund, Dietmar: Geschichte Indiens. Von der Induskultur bis heute, München 2006.
Laird, Thomas: Tibet. Die Geschichte eines Landes, Frankfurt/M. 2006.
Lambrecht, Oda/Baars, Christian: Mission Gottesreich. Fundamentalistische Christen in Deutschland, Berlin 2009.
Landesamt für Verfassungsschutz (Hrsg.): Islamismus als politische Ideologie, Berlin 1997.
Laqueur, Walter: Der Weg zum Staat Israel. Geschichte des Zionismus, Wien 1975.
Laqueur, Walter: Der Schoß ist fruchtbar noch. Der militante Nationalismus der russischen Rechten, München 1993.
Lenk, Kurt: Volk und Staat. Strukturwandel politischer Ideologien im 19. und 20. Jahrhundert, Stuttgart 1971.

Lewis, Bernard: The Assassines. A Radical Sect in Islam, New York 1968.
Lewis, Bernard: „Treibt sie ins Meer!“ Die Geschichte des Antisemitismus, Frankfurt/M. 1987.
Lewis, Bernard: Die Wut der arabischen Welt, Frankfurt/M. 2003.
Ley, Michael: Der Nationalsozialismus als politische Religion, Bodenheim 1997.
Lindt, Andreas: Das Zeitalter des Totalitarismus. Politische Heilslehren und ökumenischer Aufbruch, Stuttgart 1981.
Losehand, Joachim: Symphonie der Mächte. Kirche und Staat in Russland (1689-1917), Herne 2007.
Ludden, David: Geschichte Indiens, Essen 2006.
MacClancy, Jeremy: The Decline of Carlism, Reno 2000.
MacLean, Nancy: Behind the Mask of Chivalry. The Making of the Second Klan, New York 1994.
Maier, Hans: Das Doppelgesicht des Religiösen. Religion – Gewalt – Politik, Freiburg 2004.
Maier, Hans (Hrsg.): „Totalitarismus“ und „Politische Religionen“. Konzepte des Diktaturvergleichs, Paderborn 1996.
Marsden, George M.: Fundamentalism and American Culture, Oxford 1980.
Mayer, Arno J.: Der Krieg als Kreuzzug. Das Deutsche Reich, Hitlers Wehrmacht und die „Endlösung“, Reinbek 1989.
McLoughlin, William G.: Revivals, Awakenings and Reform. An Essay on Religion and Social Change in America, 1607–1977, New York 1978.
McLoughlin, William G./Marsden, George M.: Fundamentalism and American Culture, Oxford 1980.
Meier, Andreas: Politische Strömungen im modernen Islam. Quellen und Kommentare, Wuppertal 1995.
Meier-Cronemeyer, Herrmann: Kleine Geschichte des Zionismus. Von den Anfängen bis zum Jahr 1948, Berlin 1980.
Merk, Fredrik: Manifest Destiny and Mission in American History. A Reinterpretation, New York 1963.
Metzger, Albrecht: Der Himmel ist für Gott, der Staat für uns. Islamismus zwischen Gewalt und Demokratie, Göttingen 2000.
Metzger, Albrecht: Islam und Politik, (Informationen zur politischen Bildung), Berlin 2002.
Metzger, Albrecht: Islamismus, Hamburg 2005.

Meyer, Thomas: Fundamentalismus. Aufstand gegen die Moderne, Hamburg 1989.

Michaelis, Axel: Der Hinduismus. Geschichte und Gegenwart, München 1998.

Mitchell, Richard P.: The Society of the Muslim Brothers, London 1969.

Modecai, Victor: Der Islam – eine globale Bedrohung? Holzgerlingen 1999.

Möller, Reinhard (Hrsg.): Islamismus und terroristische Gewalt, Würzburg 2004.

Moin, Baqer: Khomeini. Life of the Ayatollah, London 1999.

Mommsen, Margarete/Nußberger, Angelika: Das System Putin, München 2009.

Murray, Robert K.: Red Scare. A Study in National Hysteria, 1919–1920, New York 1964.

Musallam, Adnan A.: From Secularism to Jihad. Sayyid Qutb and the Foundations of Radical Islamism, Westport 2005.

Mynarek, Hubertus: Denkverbot. Fundamentalismus in Christentum und Islam, München 1992.

Nirumand, Bahman: Mit Gott für die Macht. Eine politische Biographie des Ayatollah Chomeini, München 1987.

Noll, Mark A.: Das Christentum in Amerika, Leipzig 2000.

Nolte, Ernst: Die dritte radikale Widerstandsbewegung: Der Islamismus, Berlin 2009.

Nüsse, Andrea: Muslim Palestine. The Ideology of Hamas, London 2002.

O´Dea, Thomas E.: The Mormons, Chicago 1957.

Otto, Wolfgang: Kultur und Ketzerwahn. Spanien im Jahrhundert seiner Weltherrschaft, Göttingen 1992.

Özay, Mehmet: Fundamentalismus und Nationalstaat. Der Islam und die Moderne, Hamburg 1994.

Partridge, Christopher H. (Hrsg.): Fundamentalism, Carlisle 2001.

Paxton, Robert: Anatomie des Faschismus, München 2006.

Payne, Stanley G.: Franco´s Spain, London 1968.

Payne, Stanley G.: Spanish Catholicism. An Historical Overview, Madison 1984.

Payne, Stanley G.: Spain´s First Democracy. The Second Republic 1931–1936, Madison 1993.

Payne, Stanley G.: Geschichte des Faschismus. Aufstieg und Fall einer europäischen Bewegung, Berlin 2001.

Payne, Stanley G.: Fascism in Spain. 1923-1977, Madison 1999.

Pflüger, Friedbert: Ein neuer Weltkrieg? Die islamistische Herausforderung des Westens, München 2004.

Poliakov, Léon: Geschichte des Antisemitismus, Frankfurt/M. 1988.

Posch, Gottfried: Fundamentalismus, München 2009.

Prätorius, Rainer: In God We Trust. Religion und Politik in den USA, München 2003.

Preston, Paul: Spanien. Der Kampf um die Demokratie, Rheda-Wiedenbrück 1987.

Pulsfort, Ernst: Indien am Scheideweg zwischen Säkularismus und Fundamentalismus, Wiesbaden 1991.

Ribuffo, Leo P.: The Old Christian Right. The Protestant Far Right from the Great Depression to the Cold War, Philadelphia 1983.

Riesebrodt, Martin: Die Rückkehr der Religionen. Fundamentalismus und der „Kampf der Kulturen", München 2001.

Röhrich, Wilfried: Die Macht der Religionen. Im Spannungsfeld der Weltpolitik, München 2004.

Rothermund, Dietmar: Geschichte Indiens. Vom Mittelalter bis zur Gegenwart, München 2006.

Rubinstein, Amnon: Geschichte des Zionismus. Von Theodor Herzl bis heute, München 2001.

Sautter, Udo: Geschichte der Vereinigten Staaten von Amerika, Stuttgart 1991.

Schäfer, Barbara (Hrsg.): Historikerstreit in Israel, Frankfurt/M. 2000.

Schied, Michael: Nationalismus und Fundamentalismus in Indien. Der Ayodhya-Konflikt, Saarbrücken 2008.

Schimmel, Annemarie: Im Namen Allahs des Barmherzigen. Der Islam, München 2001.

Schirrmacher, Thomas: Fundamentalismus. Wenn Religion zur Gefahr wird, Holzgerlingen 2010.

Schoeps, Julius H.: Theodor Herzl. Wegbereiter des politischen Zionismus, Göttingen 1975.

Schoeps, Julius H./Schlör, Joachim (Hrsg.): Antisemitismus. Vorurteile und Mythen, München 1995.

Schrecker, Ellen: Many Are the Crimes: McCarthyism in America, Boston 1998.

Schulemann, Günther: Die Geschichte des Dalai Lamas, Leipzig 1958.
Schumann, Hans W.: Handbuch Buddhismus. Die zentralen Lehren – Ursprung und Gegenwart, München 2000.
Seidel, Carlos Collado: Der spanische Bürgerkrieg. Geschichte eines europäischen Konflikts, München 2006.
Serauky, Eberhard: Im Namen Allahs. Der Terrorismus im Nahen Osten, Berlin 2000.
Shenfield, Stephen D.: Russian Fascism. Traditions, Tendencies, Movements, New York 2002.
Six, Clemens: Hindu-Nationalismus und Globalisierung, Frankfurt/M. 2001.
Six, Clemens/Riesebrodt, Martin/Haas, Siegfried (Hrsg.): Religiöser Fundamentalismus. Vom Kolonialismus zur Globalisierung, Innsbruck 2005.
Steinberg, Guido: Der nahe und der ferne Feind. Die Netzwerke des islamistischen Terrorismus, München 2005.
Stephenson, Anders: Manifest Destiny. American Expansionism and the Empire of Right, New York 1995.
Sterr, Martin: Lobbyisten Gottes. Die Christian Right in den USA von 1980 bis 1996. Zwischen Aktion, Reaktion und Wandel, Berlin 1999.
Stökl, Günther: Russische Geschichte. Von den Anfängen bis zur Gegenwart, Stuttgart 1997.
Stolz, Rolf: Kommt der Islam? Die Fundamentalisten vor den Toren Europas, München 1997.
Taheri, Amir: Chomeini und die islamische Revolution, Hamburg 1985.
Thoß, Gabriele/Richter, Franz-Helmut: Ayatollah Khomeini, Münster 1991.
Tibi, Bassam: Der religiöse Fundamentalismus im Übergang zum 21. Jahrhundert, Mannheim 1995.
Tibi, Bassam: Die neue Weltunordnung. Westliche Dominanz und islamischer Fundamentalismus, Berlin 1999.
Tibi, Bassam: Fundamentalismus im Islam. Eine Gefahr für den Weltfrieden?, Darmstadt 2000.
Tibi, Bassam: Der neue Totalitarismus. „Heiliger Krieg" und westliche Sicherheit, Darmstadt 2004.

Trimondi, Victor/Trimondi, Victoria: Krieg der Religionen. Politik, Glaube und Terror im Zeichen der Apokalypse, München 2006.
Vilar, Pierre: Der Spanische Bürgerkrieg 1936–1939, Berlin 2002.
Voegelin, Eric: Die Politischen Religionen, München 1993.
Wallis, Jim: The Great Awakening. Reviving Faith & Politics in a Post-Religious Right America, New York 2008.
Whadat-Hagh, Wahie: Die islamische Republik Iran. Die Herrschaft des politischen Islam als eine Spielart des Totalitarismus, Münster 2003.
Wiegand, Sabine: Dalai Lama XIV., Reinbek 2009.
Wippermann, Wolfgang: Der Ordenstaat als Ideologie, Berlin 1978.
Wippermann, Wolfgang: Der „deutsche Drang nach Osten". Ideologie und Wirklichkeit eines politischen Schlagwortes, Darmstadt 1981.
Wippermann, Wolfgang: „Wie die Zigeuner". Antisemitismus und Antiziganismus im Vergleich, Berlin 1997.
Wippermann, Wolfgang: Rassenwahn und Teufelsglaube, Berlin 2005.
Wippermann, Wolfgang: Agenten des Bösen. Verschwörungstheorien von Luther bis heute, Berlin 2007.
Wippermann, Wolfgang: Die Deutschen und der Osten. Feindbild und Traumland, Darmstadt 2007.
Wippermann, Wolfgang: Faschismus. Eine Weltgeschichte vom 19. Jahrhundert bis heute, Darmstadt 2009.
Wippermann, Wolfgang: Heilige Hetzjagd. Ideologiegeschichte des Antikommunismus, Berlin 2012.
Wolffsohn, Michael: Israel. Geschichte, Politik, Gesellschaft, Wirtschaft, München 2007.
Zertal, Idith/Eldar, Akiva: Die Herren des Landes. Israel und die Siedlerbewegung seit 1967, München 2000.
Zotz, Volker: Geschichte der buddhistischen Philosophie, Reinbek 1996.

Endnoten

[1] Karl Marx, Zur Kritik der Hegelschen Rechtsphilosophie. Einleitung, in: Karl Marx/Friedrich Engels, Werke, (MEW) Bd. 1, Berlin 1974, S. 378f. Zur Religionskritik von Marx: Wolfgang Wippermann, Der Wiedergänger. Die vier Leben des Karl Marx, Wien 2008, S. 153ff.

[2] Ideologien sind Begriffe (ideo) und Wörter (logien), welche die Wirklichkeit widerspiegeln und beeinflussen, indem sie etwas rechtfertigen, von etwas ablenken oder etwas einfordern. Dies ist mithilfe von ideologiekritischen Methoden zu analysieren. Zu Ideologie und Ideologiekritik: Terry Eagleton, Ideologie. Eine Einführung, Stuttgart 1993; Kurt Lenk, Volk und Staat. Strukturwandel politischer Ideologien des 19. und 20. Jahrhunderts, Stuttgart 1971.

[3] Der Begriff der „politischen Religion" ist von Eric Voegelin geprägt und innerhalb der Faschismus- und Totalitarismusforschung angewandt worden. Faschistischen und kommunistischen Parteien und Regimen wurde unterstellt, eine religiös motivierte Ideologie und Politik vertreten und betrieben zu haben. Eric Voegelin, Die politischen Religionen, Wien 1938; Hans Maier (Hrsg.), „Totalitarismus" und „Politische Religionen", Paderborn 1996; Claus-Ekkehard Bärsch, Die politische Religion des Nationalsozialismus, München 1997; Michael Ley, Der Nationalsozialismus als politische Religion, Bodenheim 1997; Evelyn Wölk, Der totalitäre Staat – das Produkt einer säkularen Religion?, Baden-Baden 2009. Zur Kritik des Totalitarismusbegriffs im Allgemeinen und dem Konzept der politischen Religion im Besonderen: Wolfgang Wippermann, Totalitarismustheorien. Die Entwicklung der Diskussion von den Anfängen bis heute, Darmstadt 1997, bes. S. 22ff.

[4] Ähnliche Definition bei: Heiner Bielefeldt/Wilhelm Heitmeyer (Hrsg.), Politisierte Religion: Ursachen und Erscheinungsformen des modernen Fundamentalismus, Frankfurt/M. 1998; Wilfried Röhrich, Die Macht der Religionen. Im Spannungsfeld der Weltpolitik, München 2004; Thomas Schirrmacher, Fundamentalismus. Wenn Religion zur Gewalt wird, Holzgerlingen 2010.

[5] Dazu: J. I. Packer, Fundamentalism and the World of God, London 1958.; Martin Riesebrodt, Fundamentalismus als patriarchalische Protestbewegung. Amerikanische Protestanten (1910–1928) und iranische Schiiten (1961–1976) im Vergleich, Tübingen 1990.

[6] Zum religiösen Fundamentalismus: Hubertus Mlynarek, Denkverbot – Fundamentalismus in Christentum und Islam, München 1992; Klaus Kienzler, Der religiöse Fundamentalismus: Christentum, Judentum, Islam, München 1996; Martin Riesebrodt, Die Rückkehr der Religionen. Fundamentalismus und der „Kampf der Kulturen", München 2001; Gabriel A. Almond/Scott R. Appleby/Emmanuel Sivang, Strong Religion. The Rise of Fundamentalism around the World, Chicago 2003; Karen Armstrong, Im Kampf für Gott. Fundamentalis-

mus in Christentum, Judentum und Islam, München 2004; Hans G. Kippenberg, Gewalt als Gottesdienst. Religionskriege im Zeitalter der Globalisierung, München 2008.

7 Thomas Meyer, Fundamentalismus. Aufstand gegen die Moderne, Hamburg 1989.

8 Einige sind von mir als fundamentalistisch-faschistisch eingeschätzt worden. Vgl.: Wolfgang Wippermann, Faschismus. Eine Weltgeschichte vom 19. Jahrhundert bis heute, Darmstadt 2009, bes. S. 7ff.

9 Vgl. unter anderem: Hans-Gerd Jaschke, Fundamentalismus in Deutschland. Gottesstreiter und politische Extremisten bedrohen die Gesellschaft, Hamburg 1998; Paul Berman, Terror und Liberalismus, Frankfurt/M. 2004; Thomas Kolnberger (Hrsg.), Fundamentalismus und Terrorismus. Zur Geschichte und Gegenwart radikalisierter Religion, Essen 2007; Albrecht Metzger, Der Himmel ist für Gott, der Staat für uns. Islamismus zwischen Gewalt und Demokratie, Göttingen 2000; Peter Heine, Terror in Allahs Namen. Extremistische Kräfte im Islam, Freiburg 2001; Mark A. Gabriel, Islam und Terrorismus, Gräfeling 2004; Reinhard Möller (Hrsg.), Islamismus und terroristische Gewalt, Würzburg 2004; Bassam Tibi, Der neue Totalitarismus. „Heiliger Krieg" und westliche Sicherheit, Darmstadt 2004; Landesamt für Verfassungsschutz (Hrsg.), Islamismus als politische Ideologie, Berlin 1997; Bundesministerium des Innern (Hrsg.), Islamismus, Berlin 2004.

10 Es knüpft an meine ideologiegeschichtlichen Studien über den Ordensstaat, den Teufelsglauben, die Verschwörungstheorien sowie über Antikommunismus, Antisemitismus und Antiziganismus an: Der Ordensstaat als Ideologie, Berlin 1979; Rassenwahn und Teufelsglaube, Berlin 2005; Agenten des Bösen. Verschwörungstheorien von Luther bis Hitler, Berlin 2007; Heilige Hetzjagd. Ideologiegeschichte des Antikommunismus, Berlin 2012; „Wie die Zigeuner". Antisemitismus und Antiziganismus im Vergleich, Berlin 1997.

11 Mit „wir" sind wir Deutschen gemeint. Das ist natürlich eine problematische Abstraktion. Dennoch ist sie unvermeidlich. Sie unterstreicht zudem die Perspektive des Verfassers dieses Buches – eines deutschen Staatsbürgers, der aber Deutschland weder über noch unter alles stellt und versucht, Fundamentalismus im globalen und eben nicht nur nationalen Rahmen darzustellen und zu bewerten.

12 Dass Deutschland kein eigenes Kapitel gewidmet wurde, geschah bewusst. Damit sollte die sonst übliche Fixierung auf Deutschland vermieden werden, was häufig mit entweder germanophoben oder germanophilen Bemerkungen und Bewertungen verbunden ist.

13 Dass die universellen Werte von Menschenrecht und Menschenwürde über den nur partikularen der Religionen stehen, muss wohl nicht weiter begründet werden. Problematischer und schwieriger ist, die Hochschätzung der Demokratie zu begründen. Ich halte es dennoch für legitim, die parlamentarische Demokratie, die auf dem Prinzip der Gewaltenteilung basiert und in der die Freiheit und Gleichheit aller Bürger geachtet wird und beachtet werden muss, für wertvoll und schützenswert zu erachten.

[14] Zum Folgenden: Frederik Merk, Manifest Destiny and Mission in American History. A Reinterpretation, New York 1963; William G. McLoughlin/Robert N. Bellah (Hrsg.), Civil Religion in America, Boston 1968; George M. Marsden, Fundamentalism and American Culture, Oxford 1980; Anders Stephenson, Manifest Destiny. American Expansionism and the Empire of Right, New York 1995; Rainer Prätorius, In God We Trust. Religion und Politik in den USA, München 2003; Manfred Brocker (Hrsg.), God bless America. Politik und Religion in den USA, Darmstadt 2005; Wilfried Röhrich, Die Macht der Religionen. Im Spannungsfeld der Weltpolitik, München 2004, S. 70ff. Ferner die Überblicke der amerikanischen Geschichte von: Udo Sautter, Geschichte der Vereinigten Staaten von Amerika, Stuttgart 1991; Jürgen Heideking, Geschichte der USA, Tübingen 2003; und zur Religionsgeschichte von: Mark A. Noll, Das Christentum in Amerika, Leipzig 2000; Michael Hochgeschwender, Amerikanische Religion. Evangelikalismus, Pfingstlertum und Fundamentalismus, Frankfurt/M. 2007.

[15] John Spur, English Puritanism 1603–1689, New York 1998.

[16] Stephen Foster, The Long Argument. English Puritanism and the Shaping of the New England Culture, 1570–1700, Chapel Hill 1992.

[17] Perry Miller, Orthodoxy in Massachusetts, 1630–1650. A Genetic Study, Cambridge 1933.

[18] William G. McLoughlin, Revivals, Awakenings and Reform. An Essay on Religion and Social Change in America, 1607–1977, New York 1978; Jim Wallis, The Great Awakening. Reviving Faith & Politics in a Post-Religious Right America, New York 2008.

[19] Martin Sterr, Lobbyisten Gottes. Die Christian Right in den USA von 1980 bis 1996. Zwischen Aktion, Reaktion und Wandel, Berlin 1999; Manfred Brocker, Protest – Anpassung – Etablierung. Die christliche Rechte im politischen System der USA, Frankfurt/M. 2004

[20] Thomas E. O´Dea, The Mormons, Chicago 1957; Klaus J. Hansen, Mormonism and the American Experience, Chicago 1981; Friedrich Wilhelm Haack, Mormonen, München 1989; Richard Hauth, Die Mormonen. Geheimreligion oder christliche Kirche?, Freiburg 1995; John Krakauer, Under the Banner of Heaven. A Story of Violent Faith, New York 2003.

[21] Von einigen Wissenschaftlern sind sie dagegen als faschistisch eingeschätzt worden. Zusammenfassend dazu: Wolfgang Wippermann, Faschismus. Eine Weltgeschichte vom 19. Jahrhundert bis heute, Darmstadt 2009. S. 182ff.

[22] David M. Chalmers, Hooded Americanism. The First Century of the Ku Klux Klan, 1865–1965, Durham 1987; Nancy Maclean, Behind the Mask of Chivalry: The Making of the Second Klan, New York 1994.

[23] Robert Paxton, Anatomie des Faschismus, München 2006, S. 77.

[24] Diese Bezeichnung stammt von mir. Siehe Wippermann, Faschismus, S. 10ff. Zum Folgenden: ebenda, S. 182ff.

[25] Leo P. Ribuffo, The Old Christian Right. The Protestant Far Right from the Great Depression to the Cold War, Philadelphia 1983.

[26] Zum Folgenden: Wolfgang Wippermann, Heilige Hetzjagd. Eine Ideologiegeschichte des Antikommunismus, Berlin 2012, S. 60ff.

[27] Michael J. Heale, Amercian Anticommunism. Combating the Enemy Within, 1830–1970, Baltimore 1999.

[28] Robert K. Murray, Red Scare. A Study in National Hysteria, 1919–1920, New York 1964.

[29] Heale, American Anticommunism, S. 20ff.

[30] Dazu mit Hinweisen auf die religiöse Rhetorik der amerikanischen Präsidenten: Röhrich, Die Macht der Religionen, S. 76ff.

[31] Richard M. Freedland, The Truman Doctrine and the Origins of McCarthyism, New York 1972; Richard M. Fried, Nightmare in Red. The McCarthy Era in Perspective, New York 1990; Ellen Schrecker, Many are the Crimes: McCarthyism in Amerika, Boston 1999.

[32] Francis Fukuyama, The End of History and the Last Man, New York 1992.

[33] Samuel P. Huntington, Der Kampf der Kulturen. The Clash of Civilizations. Die Neugestaltung der Weltpolitik im 21. Jahrhundert, München 1996.

[34] Zitiert nach: Röhrich, Die Macht der Religionen, S. 83.

[35] Dazu: Wolfgang Wippermann, Lizenz zum Töten. Kreuzzüge im Mittelalter und Moderne, in: Evangelische Kommentare 2/1997, S. 90–92. In den zahlreichen Darstellungen der Geschichte der Kreuzzüge und des Kreuzzugsgedankens werden die neuzeitlichen, mit Kreuzzugsideologien geführten und legitimierten „Kreuzzüge“ nur ganz am Rande erwähnt.

[36] Eine Gesamtdarstellung der Geschichte des katholischen Fundamentalismus in Spanien gibt es meines Wissens nicht. Einige Hinweise findet man in den Überblicken zur Geschichte Spaniens und der katholischen Kirche von: Walther L. Bernecker, Spanische Geschichte. Von der Reconquista bis heute, Darmstadt 2002; Peer Schmidt (Hrsg.), Kleine Geschichte Spaniens, Berlin 2005; Stanley G. Payne, Spanish Catholicism. An Historical Overview, Madison 1984; Walther L. Bernecker, Religion in Spanien, Gütersloh 1995.

[37] Zum Folgenden: Pierre Vilar, Spanien. Das Land und seine Geschichte von den Anfängen bis zur Gegenwart, Berlin 1992; Walther L. Bernecker/Horst Pietschmann, Geschichte Spaniens, Stuttgart 1993.

[38] Dazu mehr in Kapitel 4 „Dschihad“. Islamischer Fundamentalismus im Nahen und Mittleren Osten.

[39] Zum Folgenden: Benzion Netanyahu, The Origins of the Inquisition in Fifteenth Century Spain, New York 1995; Wolfgang Otto, Kultur und Ketzerwahn. Spanien im Jahrhundert seiner Weltherrschaft, Göttingen 1992.

[40] Zum Folgenden: Bartolomé Bennassar/Bernard Vincent, Spanien. 16. und 17. Jahrhundert, Stuttgart 1999; Helmut Heine, Geschichte Spaniens in der frühen Neuzeit. 1400–1800, München 1984.

[41] Wilhelm Roscher, Geschichte der National-Ökonomie in Deutschland, München 1874. Begriff und Existenz des Absolutismus ist in der neueren Forschung umstritten. Vgl.: Nicholas Henshall, The Myth of Absolutism: Change and Continuity in Early Modern European Monarchy, London 1993; Ronald G. Asch/Heinz Duchardt (Hrsg.), Der Absolutismus – ein Mythos? Strukturwandel monarchischer Herrschaft in West- und Mitteleuropa ca. 1500–1700, Köln 1996.

[42] Zur Geschichte Spaniens im 19. und beginnenden 20. Jahrhundert neben den Überblicken von Bernecker, Spanische Geschichte; Bernecker/Pietschmann, Geschichte Spaniens; Vilar, Spanien; auch Wippermann, Faschismus, S. 84ff.

[43] Walther L. Bernecker, Sozialgeschichte Spaniens im 19. und 20. Jahrhundert. Vom Ancien Régime zur parlamentarischen Monarchie, Frankfurt/M. 1990; Edward E. Malefakis, Agrarian Reform and Peasant Revolution in Spain. Origins of the Civil War, New Haven 1970.

[44] Gabriel Jackson, The Spanish Republic and the Civil War 1931–1939, Princeton 1965; Pierre Broué/Emile Témime, Revolution und Krieg in Spanien, Frankfurt/M. 1968; Stanley G. Payne, Spain´s First Democracy. The Second Republic 1931–1936, Madison 1993.

[45] Dazu: Bernecker, Religion in Spanien; Payne, Spanish Catholicism; William J. Callahan, The Catholic Church in Spain, 1875–1998, Washington 2000; Hilary Raguer, Gunpowder and Incense. The Chatholic Church and the Spanish Civil War, New York 2007.

[46] Zum Bürgerkrieg, auf dessen Verlauf hier nicht weiter eingegangen werden soll: Hugh Thomas, Der spanische Bürgerkrieg, Frankfurt/M. 1964; Walther L. Bernecker, Krieg in Spanien 1936–1939, Darmstadt 1991; Carlos Collado Seidel, Der spanische Bürgerkrieg. Geschichte eines europäischen Konflikts, München 2006; Anthony Beevor, Der Spanische Bürgerkrieg, München 2006.

[47] Dazu: Wippermann, Faschismus, S. 90ff.

[48] Stanley G. Payne, Falange. A History of Spanish Fascism, Stanford 1962; ders., Fascism in Spain 1923–1977, Madison 1999; Sheelagh M. Ellwood, Spanish Fascism in the Franco Era. Falange Espanola de las JONS 1936–1976, London 1987; Manfred Böcker, Ideologie und Programmatik im spanischen Faschismus der Zweiten Republik, Frankfurt/M. 1996.

[49] Martin Blinkhorn, Carlism in Crisis in Spain, 1931–1939, Cambridge 1975; Jeremy MacClancy, The Decline of Carlism, Reno 2000.

[50] Zum Opus Dei liegt eine umfangreiche, zuweilen aber auch polemische Literatur vor: Peter Hertel, „Ich verspreche euch den Himmel." Geistlicher Anspruch, gesellschaftliche Ziele und kirchliche Bedeutung des Opus Dei, Düsseldorf 1991; ders., Schleichende Übernahme. José-Maria Escrivá, sein Opus Dei und die Macht im Vatikan, Oberursel 2003. Generell zur katholischen Kirche im faschistischen Spanien: Guy Hermet, Die katholische Kirche im franquistischen System, in: Peter Waldmann (Hrsg.), Sozialer Wandel und Herrschaft im Spanien Francos, Paderborn 1984, S. 237–258.

[51] Zum Folgenden: Walther L. Bernecker, Spaniens Geschichte seit dem Bürgerkrieg, München 1988; Juan Pablo Fusi, Franco. Spanien unter der Diktatur 1936–1975, München 1992.

[52] Walther L. Bernecker/Sören Brinkmann, Kampf der Erinnerungen. Der Spanische Bürgerkrieg in Politik und Gesellschaft 1936–2006, Nettersheim 2007.

[53] Zur Geschichte der russisch-orthodoxen Kirche: Thomas Bremer, Kreuz und Kreml. Kleine Geschichte der orthodoxen Kirche in Russland, Freiburg 2007.

Zum Verhältnis von Staat und Kirche in Russland: Joachim Losehand, Symphonie der Mächte. Kirche und Staat in Russland (1689–1917), Herne 2007. Zur russischen Geschichte allgemein: Günther Stökl, Russische Geschichte. Von den Anfängen bis zur Gegenwart, 6. Aufl. Stuttgart 1997; Erich Donnert, Russland (860–1917), Regensburg 1998; Edgar Hösch, Geschichte Russlands vom Kiever Reich bis zum Zerfall des Sowjetimperiums, Stuttgart 1996; Heiko Haumann, Geschichte Russlands, Zürich 2003; Orlando Figes, Nataschas Tanz. Eine Kulturgeschichte Russlands, Berlin 2003; Andreas Kappeler, Rußland als Vielvölkerreich. Entstehung, Geschichte, Zerfall, München 2008.

[54] 1590 wurde das neue Moskauer Patriarchat errichtet.

[55] Dazu und zum Folgenden: Simon Dubnow, Weltgeschichte des jüdischen Volkes von seinen Uranfängen bis zur Gegenwart, Bd. 10, Berlin 1929; Léon Poliakov, Geschichte des Antisemitismus, Bd. 8, Frankfurt/M. 1988.

[56] John D. Klier/Shlomo Lambroza (Hrsg.), Pogroms Anti-Jewish Violence in Modern Russian History, Cambridge 1992.

[57] Dies ist schon von Dubnow, Weltgeschichte, Bd. 10 behauptet, von der neueren Forschung aber bestritten worden. Vgl.: John D. Klier, Unravelling the Conspiracy Theorie. A New Look at the Pogroms (Review Article), in: East European Jewish Studies 23, 1993, S. 79–89. Dazu die Kritik von: Iris Boysen, Die revisionistische Historiographie zu den Judenpogromen von 1881 bis 1906, in: Jahrbuch für Antisemitismusforschung 8, 1999, S. 13–42.

[58] Dazu und zum Folgenden: Ulrich Herbeck, Das Feindbild vom „jüdischen Bolschewiken". Zur Geschichte des russischen Antisemitismus vor und während der Russischen Revolution, Berlin 2009, S. 110ff.

[59] Ebenda S. 84ff.

[60] Wolfgang Wippermann, Der „deutsche Drang nach Osten". Ideologie und Wirklichkeit eines politischen Schlagwortes, Darmstadt 1981, S. 59ff.

[61] Völlig falsch war dies nicht. Das christliche Abendland ist im 14. Jahrhundert nicht von Russland angegriffen worden, es hat Russland angegriffen und seine Existenz und religiös-kulturelle Identität bedroht. Die allerdings erst 1547 erfolgte Heiligsprechung Alexander Newskis war so gesehen nicht grundlos.

[62] Zum Folgenden: Nicolas V. Riasanovsky, Russland und der Westen. Die Lehre der Slawophilen, München 1954; Dieter Groh, Rußland und das Selbstverständnis Europas. Ein Beitrag zur europäischen Geistesgeschichte, Neuwied 1961; Wippermann, Die Deutschen und der Osten, S. 45ff.

[63] Das gefiel den deutschen Konservativen, die ein viel positiveres Russland-Bild hatten als die deutschen und europäischen Linken. Vgl. dazu: Peter Jahn, Russophilie und Konservativismus. Die russophile Literatur in der deutschen Öffentlichkeit, Stuttgart 1980.

[64] Zur positiven Rezeption durch die Anhänger der sogenannten Konservativen Revolution: Wolfgang Wippermann, Die Konservative Revolution und der Osten. Zur Geopolitisierung des nationalen Diskurses in der Weimarer Republik, in: Heiner Timmermann (Hrsg.), Nationalismus und Nationalbewegung in Europa 1914–1945, Berlin 1999, S. 355–372; ders., Die Deutschen und der Osten, S. 48ff.

[65] So unter anderem von: Walter Laqueur, Der Schoß ist fruchtbar noch. Der militante Nationalismus der russischen Rechten, München 1993; und von mir. Vgl.: Wippermann, Faschismus, S. 168ff.

[66] Dazu: Arno J. Mayer, Der Krieg als Kreuzzug. Das Deutsche Reich, Hitlers Wehrmacht und die „Endlösung", Reinbek 1989.

[67] Zum Folgenden: Werner Adam, Das neue Russland. Putins Aufbruch mit schwerem Erbe, Wien 2000; Tanja Wagensohn, Russland nach dem Ende der Sowjetunion, Regensburg 2001; Margarete Mommsen/Angelika Nußberger, Das System Putin, München 2007.

[68] Protest kam von der Gemeinschaft Evangelischer Kirchen in Europa (GEKE): „GEKE widerspricht der russisch-orthodoxen Kirche: Menschenrechte widersprechen nicht den göttlichen Geboten", online abrufbar unter: http://www.reformiert-info.de3990-15-8-2.html (Zugriff Oktober 2012)

[69] „Notizen aus Russland", in: Humanistischer Pressedienst 8.10.2007.

[70] Kerstin Holm, Jagdausflüge der Rassisten, in Frankfurter Allgemeine Zeitung 19.11.2008.

[71] Frankfurter Allgemeine Zeitung 7.9.2006.

[72] Dies ist eine etwas gewagte Deutung. Hat es doch im orthodoxen Russland kaum Hexenverfolgungen gegeben. In den katholischen und protestantischen Ländern Europas war das bekanntlich anders.

[73] Zum Folgenden: Wippermann, Faschismus, S. 175ff; Laqueur, Der Schoß ist fruchtbar; ders., Faschismus, S. 241ff; Stephen D. Shenfield, Russian Fascism. Traditions, Tendencies, Movements, New York 2002. Sehr gute Zusammenfassung der weiteren Forschung bei: Andreas Umland, Neue ideologische Fusionen im russischen Antidemokratismus. Westliche Konzepte, antiwestliche Doktrinen und das postsowjetische politische Spektrum, in: Eckhard Jesse/Uwe Backes (Hrsg.), Gefährdungen der Freiheit. Extremistische Ideologien im Vergleich, Göttingen 2006, S. 371–406.

[74] Vgl. dazu die sehr positive Darstellung von: Annemarie Schimmel, Im Namen Allahs des Barmherzigen. Der Islam, München 2001, und die abgewogene Darstellung von: Gudrun Krämer, Geschichte des Islam, München 2005.

[75] Zum Islamismus: Lawrence Davidson, Islamic Fundamentalism, London 1998; Bassam Tibi, Fundamentalismus im Islam. Eine Gefahr für den Weltfrieden?, Darmstadt 2000; Gilles Kepel, Das Schwarzbuch des Dschihad. Aufstieg und Niedergang des Islamismus, München 2002; Albrecht Metzger, Islam und Politik, Berlin 2002.

[76] Dies wird in vielen der neueren Darstellungen nicht beachtet, in denen sowohl der Islam als auch der Islamismus als äußerst bedrohlich angesehen und als extremistisch, terroristisch und totalitär bezeichnet werden. Hier nur einige Beispiele: Rolf Stolz, Kommt der Islam? Die Fundamentalisten vor den Toren Europas, München 1997; Renate Golombek, Der Islam. Anatomie einer unbarmherzigen Religion, Frankfurt/M. 1998; Eberhard Sarauky, Im Namen Allahs. Der Terrorismus im Nahen Osten, Berlin 2000; Peter Heine, Terror in Allahs Namen. Extremistische Kräfte im Islam, Freiburg 2001; Hans-Peter Raddatz, Von Allah zum Terror? Der Djihad und die Deformierung des Westens,

München 2002; Friedbert Pflüger, Ein neuer Weltkrieg? Die islamistische Herausforderung des Westens, München 2004; Reinhardt Möller (Hrsg.), Islamismus und terroristische Gewalt, Würzburg 2004; Bassam Tibi, Der neue Totalitarismus. „Heiliger Krieg" und westliche Sicherheit, Darmstadt 2004.

[77] Die einzelnen Übersetzungen unterscheiden sich zudem sehr erheblich voneinander. Dies trifft vor allem auf die deutschen zu.

[78] Ihre Kritik steht im Zentrum der Kritik des Islam und des Islamismus in den in Anmerkung 76 erwähnten Arbeiten. Dies geschieht häufig mit einer mehr als fragwürdigen Interpretation des Koran. Ein abschreckendes Beispiel ist: Mark A. Gabriel, Islam und Terrorismus. Was der Koran wirklich über Christentum, Gewalt und die Ziele des Djihad lehrt, Gräfeling 2004.

[79] Zum islamistischen Antisemitismus vor allem: Bernard Lewis, „Treibt sie ins Meer!" Die Geschichte des Antisemitismus, Frankfurt/M. 1987. Zur neueren Entwicklung: Matthias Küntzel, Djihad und Judenhaß. Über den neuen antijüdischen Krieg, Freiburg 2003. Ferner: Michel Dormal, Terror und Politik. Eine politische Analyse des Islamismus aus Sicht einer kritischen Theorie von Antisemitismus und totaler Herrschaft, Berlin 2009.

[80] Dies wird in verschiedenen neueren Darstellungen als antifeministisch bezeichnet und entsprechend scharf kritisiert. Abgewogener und nüchterner ist: Rita Breuer, Familienleben im Islam. Traditionen – Konflikte – Vorurteile, Freiburg 1998.

[81] Dies wird auch von einigen zeitgenössischen Muslimen so gesehen und kritisiert. Dazu: Gudrun Krämer, Gottes Staat als Republik. Reflexionen zeitgenössischer Muslime zu Islam, Menschenrechten und Demokratie, Baden-Baden 2000.

[82] Dass sie fundamentalistisch im religiösen und politischen Sinne waren, bedarf wohl keiner weiteren Darstellung und Begründung. Doch darin unterschieden sie sich wenig von den gleichzeitigen christlichen Reichen, zumindest in der Zeit des Mittelalters.

[83] So bei: Peter Heine, Terror in Allahs Namen. Extremistische Kräfte im Islam, Freiburg 2001. In verschiedenen weiteren Arbeiten werden die mittelalterlichen Assassinen als Vorbild der heutigen islamistischen Terrororganisationen vom Schlage der Al Qaida dargestellt. Zum Folgenden: Wolfgang Wippermann, Agenten des Bösen. Verschwörungsideologien von Luther bis heute, Berlin 2007, S. 130ff.

[84] Bernard Lewis, The Assassins. A Radical Sect in Islam, New York 1968; Farhard Daftary, The Assassine legend. Myths of Ismailis, London 1995.

[85] Martin Luther, Vom Schem Hamphoras und vom Geschlecht Christi, in: Luthers Werke: Weimarer Ausgabe (WA) 53, S. 61.

[86] Laila Abdallah, Islamischer Fundamentalismus – eine fundamentalistische Fehlwahrnehmung? Zur Rolle von Orientalismus in westlichen Analysen des islamischen Fundamentalismus, Berlin 1998.

[87] Zum Folgenden: Suraiya Faroqhi, Geschichte des Osmanischen Reiches, München 2000; Klaus Kreiser, Der Osmanische Staat 1300–1922, München 2001.

[88] Winfried Schulze, Reich und Türkengefahr im späten 16. Jahrhundert. Studien zu den politischen und gesellschaftlichen Auswirkungen einer äußeren Bedrohung, München 1978.

[89] Hans-Jürgen Uhl, Luthers Predigt zum Türkenkrieg, Wien 1965.

[90] Lucas Osiander, Christlicher/notwendiger Bericht/Welcher Gestalt sich die Christen darein schicken sollen/damit sie dem Türcken ein beharrliches abbruch thun/und ein heilsamen Sieg erlangen mögen, Tübingen 1595.

[91] Osiander, Christlicher notwendiger Bericht, zitiert nach Schulze, Reich und Türkengefahr, S. 47.

[92] Dazu und zum Folgenden: Wolfgang Wippermann, Die Deutschen und der Osten. Feindbild und Traumland, Darmstadt 2007, S. 11ff.

[93] Edward Said, Orientalism, New York 1979.

[94] Udo Steinbach, Geschichte der Türkei, München 2000; Klaus Kreiser/Christoph K. Neumann, Kleine Geschichte der Türkei, Stuttgart 2003.

[95] Zum Folgenden: Wippermann, Faschismus, S. 258ff.

[96] Klaus Gensicke, Der Mufti von Jerusalem. Amin el-Husseini und die Nationalsozialisten, Frankfurt/M. 1988; ders., Der Mufti von Jerusalem und die Nationalsozialisten. Eine politische Biographie Amin el-Husseinis, Darmstadt 2007. Zum Folgenden auch: Klaus-Michael Mallmann/ Martin Cüppers, Halbmond und Hakenkreuz. Das Dritte Reich, die Araber und Palästina, Darmstadt 2011.

[97] Klaus-Michael Mallmann/Martin Cüppers, „Beseitigung der jüdisch-nationalen Heimstätte in Palästina". Das Einsatzkommando bei der Panzerarmee Afrika 1942, in: Jürgen Matthäus/Klaus-Michael Mallmann (Hrsg.), Deutsche, Juden, Völkermord. Der Holocaust als Geschichte und Gegenwart, Darmstadt 2006, S.153–176.

[98] Hadassa Ben-Ito, Die Protokolle der Weisen von Zion – Anatomie einer Fälschung, Berlin 1998, S. 391ff.

[99] Wippermann, Agenten des Bösen, S. 118ff.

[100] Zur Ideologie der Hamas: Andrea Nüsse, Muslim Palestine. The Ideology of Hamas, London 2002.

[101] Charta der Hamas vom 18.8.1989, zitiert nach: Friedrich Schreiber, Aufstand der Palästinenser. Die Intifada, Opladen 1990, S. 119f.

[102] Zu Begriff und Sache: Mark Cohen, Under Crescent and Cross, Princeton 2002.

[103] Zum Folgenden: Richard P. Mitchell, The Society of the Muslim Brothers, London 1969; Muhammed Ab Al-Fattach El-Awaisi, The Muslim Brothers and the Palestine Question 1928–1947, London 1998.

[104] Sabine Damir-Geilsdorf, Herrschaft und Gesellschaft. Der islamistische Wegbereiter Sayyid Qutb, Würzburg 2003; Adnan A. Musallam, From Secularism to Jihad. Sayyid Qubt and the Foundations of Radical Islamism, Westport 2005.

[105] Zu Khomeinis Leben und Aufstieg: Bahman Nirumand, Mit Gott für die Macht. Eine politische Biographie des Ayatollah Chomeini, München 1987; Gabriele Thoß/Franz-Helmut Richter, Ayatollah Khomeini, Münster 1991; Baqer Moin, Khomeini. Life of the Ayatollah, London 1999.

[106] Die durchaus ähnlichen Gedanken Sayyid Qutbs werden hier nicht erwähnt, was vermutlich an dessen Zugehörigkeit zur sunnitischen Glaubensgemeinschaft liegt, die von dem Schiiten Khomeini scharf abgelehnt wurde.

[107] Ayatollah Chomeini, Der islamische Staat, Berlin 1983, S. 52.

[108] Zum Folgenden: Amir Taheri, Chomeini und die islamische Revolution, Hamburg 1985.

[109] Wahied Whadat-Hagh, Die islamische Republik Iran. Die Herrschaft des politischen Islam als eine Spielart des Totalitarismus, Münster 2003.

[110] Unter dem 12. Iman verstehen die Schiiten den sonst „Mahdi" genannten Messias. Diese Rolle hat sich Khomeini aber nicht angemaßt.

[111] Als „Bassidschi" wurden ursprünglich die Kindersoldaten verstanden, die im Krieg gegen den Irak eingesetzt bzw. geopfert wurden.

[112] Dennoch gibt es auch heute noch einige Juden im Iran. Ihre Existenz ist eine Art Alibi für den nicht zu leugnenden Antisemitismus.

[113] Dies wird von iranischer Seite aus aber mit dem Hinweis geleugnet, dass man sich doch ‚nur' gegen Israel und den „Zionismus" wende. Diese Ausrede ist jedoch nicht überzeugend.

[114] Vgl. dazu unten S. 111ff.

[115] Zur Thora wird nicht nur die hebräische Bibel, sondern auch ihre Auslegung gezählt, die im Talmud zu finden ist und als die „mündliche Thora" bezeichnet wird. Dies ermöglicht eine sehr enge Auslegung und weite Anwendung auf alle möglichen Lebensbereiche, die durch die Halacha, das jüdische Gesetz, geregelt werden sollen. Dies kann sehr willkürlich geschehen, weil es im Judentum keine zentrale religiöse Autorität gibt, die etwa mit der des Papstes zu vergleichen ist.

[116] Zum jüdischen Fundamentalismus: Klaus Kienzler, Der religiöse Fundamentalismus. Christentum, Judentum, Islam, München 1996, S. 95ff.; Wilfried Röhrich, Die Macht der Religionen. Im Spannungsfeld der Weltpolitik, München 2006, S. 15ff.

[117] Zum Folgenden: Johannes Maier, Geschichte der Juden im Altertum, Darmstadt 1989; Manfred Clauss, Geschichte des alten Israel, München 2009. Die sonstigen Althistoriker haben der Geschichte der Juden wenig Aufmerksamkeit gewidmet. Für Theologen scheint sie mit dem Tode Jesu Christi zu Ende gegangen zu sein. Bei den jüdischen Historikern ist das anders. Sie beginnen ihre Nationalgeschichten des jüdischen Volkes wie selbstverständlich mit den alten Israeliten, um dann zu den neuen Israelis zu kommen: Simon M. Dubnow, Weltgeschichte des jüdischen Volkes von seinen Ursprüngen bis zur Gegenwart, Bd. 1–10, Berlin 1925–1929. Ferner: Heim Hillel Ben Sasson (Hrsg.), Geschichte des jüdischen Volkes, München 1979; Alex Bein, Die Judenfrage. Biographie eines Weltproblems, Bd. 1-2, Stuttgart 1980.

[118] Von antisemitischer Seite aus ist den Juden des Alten Testaments immer wieder unterstellt worden, Völkermorde begangen zu haben. Kritisch dazu: Boris Barth, Genozid. Völkermord im 20. Jahrhundert. Geschichte, Theorien, Kontroversen, München 2006.

[119] Röhrich, Die Macht der Religionen, S. 17.

[120] Generell ist die im Alten Testament beschriebene Geschichte des alten Israel immer wieder von Antisemiten benutzt und missbraucht worden, um ihre Vorurteile über die Juden zu belegen. Dies ist heute, wo die Bibel zu einem fast unbekannten Buch geworden ist, vielerorts erfolgreich. Auch deshalb war es notwendig, so ausführlich auf die biblische Geschichte einzugehen.
[121] Der Slogan stammt von dem jüdischen Chronisten Flavius Josephus. Zitiert nach: Röhrich, Die Macht der Religionen, S. 16.
[122] Zur Geschichte der Juden in der Diaspora gibt es eine Fülle von Literatur. Bester Überblick ist: Friedrich Battenberg, Das europäische Zeitalter der Juden. Zur Entwicklung einer Minderheit in der nichtjüdischen Umwelt Europas, Bd. 1–2, Darmstadt 1990.
[123] Beste Überblicksdarstellungen sind: Jacob Katz, Vom Vorurteil zur Vernichtung. Der Antisemitismus 1700–1933, München 1988; Hermann Greive, Geschichte des modernen Antisemitismus in Deutschland, Darmstadt 1983; Julius H. Schoeps/Joachim Schlör (Hrsg.), Antisemitismus. Vorurteile und Mythen, München 1995.
[124] Zum Folgenden die Überblicke von: Walter Laqueur, Der Weg zum Staat Israel. Geschichte des Zionismus, Wien 1975; Herrmann Meier-Cronemeyer, Kleine Geschichte des Zionismus. Von den Anfängen bis zum Jahr 1948, Berlin 1980; Amnon Rubinstein, Geschichte des Zionismus. Von Theodor Herzl bis heute, München 2001; Michael Brenner, Geschichte des Zionismus, München 2002.
[125] Moses Hess, Rom und Jerusalem, die letzte Nationalitätenfrage, Leipzig 1862, in: Horst Lademacher (Hrsg.), Moses Hess, Ausgewählte Schriften, Wiesbaden o. J.
[126] Leon Pinsker, Autoemanzipation, 7. Aufl., Berlin 1935.
[127] Julius H. Schoeps, Theodor Herzl. Wegbereiter des politischen Zionismus, Göttingen 1975.
[128] Theodor Herzl, Der Judenstaat. Versuch einer modernen Lösung der Judenfrage, in: Klaus Dethloff (Hrsg.), Theodor Herzl oder Der Moses des Fin de siècle, Wien 1986.
[129] Theodor Herzl, Altneuland. Roman, Berlin/Wien o. J.
[130] Zitiert nach: Michael Krupp, Die Geschichte des Zionismus, Gütersloh 2001, S. 44.
[131] Zur Geschichte des Staates Israel: Reiner Bernstein, Geschichte des Staates Israel. Von der Gründung 1948 bis heute, Schwalbach 1990; Johannes Glasneck/Angelika Timm, Israel. Die Geschichte des Staates seit seiner Gründung, Bonn 1992; Michael Wolffsohn, Israel. Geschichte, Politik, Gesellschaft, Wirtschaft, München 2007; Elmar Krautkrämer, Krieg ohne Ende? Israel und die Palästinenser – Geschichte eines Konflikts, Darmstadt 2003.
[132] Zitiert nach: Rubinstein, Zionismus, S. 146.
[133] Dies trifft aber auch, ja noch viel mehr auf die palästinensische Seite in diesem Konflikt zu. Ihre intransingente Haltung ist ebenfalls fundamentalistisch begründet und wird es immer mehr.

[134] Darüber ist es zu einer heftigen Kontroverse gekommen. Sie wird als der israelische Historikerstreit bezeichnet. Barbara Schäfer (Hrsg.), Historikerstreit in Israel, Frankfurt/M. 2000.

[135] Vgl. dazu Kapitel 4 „Dschihad", S. 71ff.

[136] Zitiert nach: Rubinstein, Geschichte des Zionismus, S. 154.

[137] Ebenda, S. 164

[138] Ebenda, S. 165.

[139] Ebenda, S. 166f.

[140] Ebenda, S. 203.

[141] Auf scharfe und ziemlich einmütige Kritik ist in letzter Zeit aber der Versuch einiger Fundamentalisten gestoßen, Frauen zu diskriminieren, indem ihnen in öffentlichen Verkehrsmitteln eigene Sitzreihen zugewiesen werden.

[142] Rubinstein, Zionismus, S. 206.

[143] Dieser Hinweis ist wichtig. Denn was Israel werden könnte, sind seine Nachbarstaaten schon lange: fundamentalistisch.

[144] Zitiert nach: Röhrich, Die Macht der Religionen, S. 126.

[145] Jakob Rösel, Ideologie, Organisation und politische Praxis des Hindunationalismus. Lehre, Rituale und Wirkung des RSS und der BJP, in: Internationales Asienforum 25, 1994, S. 285–313.

[146] Bei der muslimischen Glaubensgemeinschaft geschieht dies auch auf der sprachlichen Ebene. Genauer durch die Differenzierung von Islam und Islamismus.

[147] Der hinduistische Fundamentalismus hat ein weit geringeres Interesse gefunden als der christliche und vor allem der islamische. Es liegen relativ wenige Studien dazu vor. Die meisten bezeichnen und subsumieren den hinduistischen Fundamentalismus unter dem Begriff des „Hindunationalismus". Knapper, aber ganz vorzüglicher Überblick von: Katharina Ceming, Hinduismus. Auf dem Weg vom Universalismus zum Fundamentalismus? In: Polylog. Zeitschrift für interkulturelles Philosophieren 12, 2004, S. 99–114. Ferner: Wilfried Röhrich, Die Macht der Religionen. Im Spannungsfeld der Weltpolitik, München 2006, S. 125ff.

[148] Axel Michaelis, Der Hinduismus. Geschichte und Gegenwart, München 1998.

[149] Ceming, Hinduismus, S. 4. Vgl.: Helmuth v. Glasenapp (Hrsg.), Indische Geisteswelt. Eine Auswahl von Texten in deutscher Übersetzung, Bd. 2, Hanau 1986, S. 253f.

[150] Zum Folgenden die Überblicksdarstellungen der Geschichte Indiens: Herman Kulke, Indische Geschichte bis 1750, München 2005; Hermann Kulke/Dietmar Rothermund, Geschichte Indiens. Von der Induskultur bis heute, München 2006; David Ludden, Geschichte Indiens, Essen 2006; Michael Mann, Geschichte Indiens vom 18. bis zum 21. Jahrhundert, Paderborn 2005; Dietmar Rothermund, Geschichte Indiens: Vom Mittelalter bis zur Gegenwart, München 2006.

[151] Ceming, Hinduismus, S. 14ff.; Andreas Becke, Fundamentalismus in Indien? Säkularismus und Kommunalismus am Beispiel von Ayodhya, in: Zeitschrift für Missionswissenschaft und Religionswissenschaft, 78, 1994, S. 3–24; Michael

Schied, Nationalismus und Fundamentalismus in Indien. Der Ayodhya-Konflikt, Saarbrücken 2008.

[152] Zum Folgenden neben den in Anmerkung 150 erwähnten Überblicksdarstellungen der Geschichte Indiens von Kulke, Ludden, Mann und Rothermund: Denis Judd, Empire. The British Imperial Experience from 1765 to the Present, London 2001; Peter Wende, Das britische Empire. Geschichte eines Weltreiches, München 2008; Jürgen Osterhammel, Die Verwandlung der Welt. Eine Geschichte des 19. Jahrhunderts, München 2009.

[153] Stig Förster, Die mächtigen Diener der East India Company. Ursachen und Hintergründe der britischen Expansionspolitik in Südasien, 1793–1819, Stuttgart 1992.

[154] Allgemein dazu: Boris Barth/Jürgen Osterhammel (Hrsg.), Zivilisierungsmission, Konstanz 2005.

[155] Zu Bose und seiner Kollaboration mit Deutschland und Japan: Hans-Bernd Zöllner, Der Feind meines Feindes ist mein Freund. Subhas Chandra Bose und das zeitgenössische Deutschland unter dem Nationalsozialismus 1933–1945; Jan Kuhlmann, Subhas Chandra Bose und die Indienpolitik der Achsenmächte, Berlin 2003; Tobias Delfs, Hindu-Nationalismus und europäischer Faschismus. Vergleich, Transfer und Beziehungsgeschichte, Hamburg 2008.

[156] Zitiert nach: Röhrich, Die Macht der Religionen, S. 126.

[157] Ceming, Hinduismus, S. 11ff.

[158] Madha Sadishiv Golwalkar, We or Our Nationhood Defined, Nagpur 1939. Dazu: Hermann Kulke, Der militante Hindunationalismus und die Zerstörung der Babri-Moschee in Ayodhya, S. 177–208, in: Dietz Lange (Hrsg.), Religionen – Fundamentalismus – Politik, Frankfurt/M. 1996, S. 204.

[159] Zum ebenfalls religiös motivierten Kaschmir-Konflikt: Röhrich, Die Macht der Religionen, S. 131ff.

[160] Das fundamentalistisch begründete Kasten-Problem ist bisher jedoch noch keineswegs gelöst worden. Es steht nach wie vor im krassen Widerspruch zum demokratischen und säkularen Charakter des indischen Staates. Vgl. dazu auch: Röhrich, Die Macht der Religionen, S. 126ff.

[161] Die „islamische Republik Pakistan“ kann und wird von einigen Beobachtern als islamistisch bezeichnet.

[162] Ceming, Hinduismus, S. 14ff.; Andreas Becke, Fundamentalismus in Indien? Säkularismus und Kommunalismus am Beispiel von Ayodhya, in: Zeitschrift für Missionswissenschaft und Religionswissenschaft, 78, 1994, S. 3–24; Michael Schied, Nationalismus und Fundamentalismus in Indien. Der Ayodhya-Konflikt, Saarbrücken 2008.

[163] Reinhard Hummel, Fundamentalismus in Indien und im Islam, S. 17–65, in: Hansjörg Hemminger (Hrsg.), Fundamentalismus in der verweltlichten Kultur, Stuttgart 1991, S. 21.

[164] Clemens Six, Hindu-Nationalismus und Globalisierung. Die zwei Gesichter Indiens: Symbole der Identität und des Anderen, Frankfurt/M. 2001, S. 100.

[165] Einführungen in den und Überblicksdarstellungen des Buddhismus gibt es unendlich viele. Hier nur die aus meiner Sicht wichtigsten: Heinz Becker/Ri-

chard Gombrich, Der Buddhismus. Geschichte und Gegenwart, München 2002; Edward Conze, Der Buddhismus. Wesen und Entwicklung, Stuttgart 1995; Hans W. Schumann, Handbuch Buddhismus. Die zentralen Lehren – Ursprung und Gegenwart, München 2000; Oliver Freiberger/Christoph Kleine, Buddhismus. Handbuch und kritische Einführung, Göttingen 2011; Michael von Brück, Einführung in den Buddhismus, Frankfurt/M. 2007.

[166] Hans W. Schumann, Der historische Buddha. Leben und Lehre des Gotama, München 2004.

[167] „Heilige Kriege" schon deshalb nicht, weil das auch in anderen Religionen vorhandene Tötungsverbot im Buddhismus besonders ausgeprägt ist und strikt eingehalten werden muss. Buddhisten sind im Prinzip Pazifisten und können eigentlich keine Bellizisten sein.

[168] Die Gottheiten, die Buddhisten bildnerisch darstellen und auch anbeten, sind nach dem Verständnis der monotheistischen Religionen allenfalls Götzen. Einige Buddhisten haben sich zudem gegen einen derartigen Götzenkult ausgesprochen. Dazu gehört der gegenwärtige Dalai Lama. Er hat den tibetischen Buddhisten die Verehrung einer Schutzgöttin namens Dorje Shugden untersagt.

[169] Ulrich Schnabel, Eine Religion ohne Gott, in: Die Zeit, 17. Juli 2007.

[170] Dies wird bereits im Titel einiger Einführungen in den Buddhismus betont. So bei: Wilhelm E. Essler/Ulrich Mamat, Die Philosophie des Buddhismus, Darmstadt 2005; Volker Zotz, Geschichte der buddhistischen Philosophie, Reinbek 1996.

[171] Kreatur ist hier wörtlich gemeint. Der Buddhismus ist die einzige Weltreligion, die uns lehrt, Mitgefühl auch mit den Tieren zu haben. Beim Christentum ist dies weit weniger und beim Islam eigentlich gar nicht der Fall. Das besondere Verhältnis der Buddhisten zu den Tieren hat jedoch auch viele Christen veranlasst, ihr eigenes zu überdenken. Die moderne Tierfreundschaft ist ganz wesentlich vom Buddhismus beeinflusst worden.

[172] Zu diesen kriegerischen Aspekten der ansonsten völlig friedlichen Religion: Lambert Schmithausen, Buddhismus und Glaubenskriege, in: Peter Herrmann (Hrsg.), Glaubenskriege in Vergangenheit und Gegenwart, Göttingen 1996.

[173] Regina von Brück/Michael von Brück, Die Welt des tibetischen Buddhismus, München 1996.

[174] Zum Folgenden: Michael von Brück, Religion und Politik im tibetischen Buddhismus, München 1996; Thomas Laird, Tibet. Die Geschichte eines Landes, Frankfurt/M. 2006.

[175] Neben Adligen und Mönchen gab es noch freie Bauern und Sklaven. Beide, die Bauern wie die Sklaven, wurden sowohl von den Adligen wie von den Mönchen ausgebeutet. Das kann man natürlich nicht rechtfertigen, ist aber kein Grund, die Feudalgesellschaft des alten Tibet als so finster darzustellen, wie dies in der chinesischen Propaganda geschieht.

[176] Günther Schulemann, Die Geschichte der Dalai Lamas, Leipzig 1958.

[177] Derartige Vergleiche sind aber von der Forschung über Tibet nicht gemacht worden. Sie wären aber sinnvoll, um die ‚Exotisierung' Tibets zu vermeiden und den Eurozentrismus der westlichen Historiker zu überwinden.

[178] Was den Vergleich mit dem Staat des Deutschen Ordens angeht: Karol Górski, The Monastic States on the Coasts of the Baltic, in: Baltic and Scandinavian Countries 3, 1937, S. 43–50; Wolfgang Wippermann, Der Ordensstaat als Ideologie. Das Bild des Deutschen Ordens in der deutschen Geschichtsschreibung und Publizistik, Berlin 1979.

[179] Der Zusammenhang zwischen der deutschen und tibetischen Frage wird allerdings in der deutschen und europäischen Historiographie kaum gesehen. Dennoch hat es ihn gegeben.

[180] Zu seiner Biographie die in Anmerkung 194 zitierten Arbeiten.

[181] Heinrich Harrer (1912–2006) war 1944 aus einem britischen Internierungslager in Indien nach Tibet geflohen, wo er sich bis 1951 aufhielt und dabei so etwas wie ein Lehrer des jungen Dalai Lama war. Darüber hat er ein überaus erfolgreiches Buch verfasst: Heinrich Harrer, Sieben Jahre in Tibet. Mein Leben am Hofe des Dalia Lama, Wien 1952.

[182] Zum Folgenden: Melvyn Goldstein, A History of Modern Tibet. The Calm Before the Storm, 1951–1955, Santa Barbara 2007.

[183] In der heutigen chinesischen Propaganda wird der Dalai Lama in der übelsten Weise beschimpft. Dies wird dann auch noch den Tibetern aufgezwungen. Das scheint aber ihrer schon fast grenzenlosen Verehrung des Dalai Lama keinen Abbruch getan zu haben.

[184] Vgl. dazu die wohl zutreffende Schilderung in dem ansonsten nicht sehr zuverlässigen „Schwarzbuch des Kommunismus“: Stéphane Courtois u. a. (Hrsg.), Das Schwarzbuch des Kommunismus, München 1998, S. 603ff.

[185] Nicht verschwiegen werden darf jedoch, dass das gesamte Land modernisiert wurde. Doch von dieser allgemeinen Modernisierung profitierten mehr die chinesischen Zuwanderer als die einheimischen Tibeter.

[186] Jean-Louis Margolin hat im erwähnten „Schwarzbuch des Kommunismus“ von „Genozid auf dem Dach der Welt“ gesprochen. Courtois u. a. (Hrsg.), Das Schwarzbuch des Kommunismus, S. 603.

[187] Beim Aufstand des Jahres 2008 ist es jedoch auch zu Übergriffen der Tibeter auf ihre neuen, aber gleichwohl nicht willkommen geheißenen chinesischen Mitbürger gekommen.

[188] Im Dezember 2011 scheint es wiederum zu Unruhen gekommen zu sein. Ausgelöst wurden sie durch die Selbstverbrennungen von einigen tibetischen Mönchen und Nonnen.

[189] Auf den schon 1989 verliehenen Friedensnobelpreis folgten weitere nationale Preise und viele Ehrendoktorwürden.

[190] Die muslimischen scheinen sich jedoch etwas zurückgehalten zu haben. Besonders hohe Wertschätzung genoss der Dalai Lama bei Papst Johannes Paul II.

[191] Dazu gehörten die Publizistin Jutta Ditfurth und der Psychologe Colin Goldner, der ein sehr kritisches Buch über den „Fall eines Gottkönigs“ geschrieben hat. Colin Goldner, Dalai Lama. Fall eines Gottkönigs, Aschaffenburg 2008.

[192] Anzumerken und positiv zu bewerten ist, dass die Bundeskanzlerin Angela Merkel diese Kritik zurückgewiesen hat und sich dem politischen Druck Pe-

kings widersetzt hat, indem sie im September 2007 den Dalai Lama in ihrem Berliner Amtssitz empfangen hat.

[193] Im März 2011 hat der Dalai Lama seine politische Tätigkeit formal aufgegeben. Sie wurde dem neuen Ministerpräsidenten der tibetischen Exilregierung Lobsang Sangay übertragen. Damit war aber keine wie immer geartete Entmachtung des Dalai Lama verbunden.

[194] Vgl. vor allem seine Autobiographie: Das Buch der Freiheit. Die Autobiographie des Friedensnobelpreisträgers, Bergisch Gladbach 2004. Ferner: Gilles van Grasdorff, Der Dalai Lama. Die Biographie, Frankfurt /M. 2004; Sabine Wiegand, Dalai Lama XIV., Reinbek 2009.

[195] Die Lehren des tibetischen Buddhismus, München 1998; Einführung in den Buddhismus, Freiburg 2000.

[196] Das Buch der Menschlichkeit – Eine neue Ethik für unsere Zeit, Bergisch Gladbach 2002; Der Weg zum Glück, Freiburg 2004; Die Weisheit des Verzeihens, Bergisch Gladbach 2005; zusammen mit Howard C. Cutler, Glücksregeln für den Alltag, Freiburg 2004.

[197] Die Welt in einem einzigen Atom – Meine Reise durch Wissenschaft und Buddhismus, Bielefeld 2005.

[198] Einige sind übrigens im Herder-Verlag erschienen.

[199] Völlig ungebräuchlich ist dagegen die Bezeichnung „Tendzin Gyatsho XIV." für den 14. Dalai Lama.

[200] Das trifft auch auf den katholischen Fundamentalismus in Österreich, Kroatien und der Slowakei zu, wo es wie in Spanien Regime gegeben hat, die als fundamentalistisch bzw. fundamentalistisch-faschistisch oder „klerikalfaschistisch" einzuschätzen sind. Gemeint sind der österreichische „Ständestaat", der kroatische Ustascha-Staat und das Tiso-Regime in der Slowakei.

[201] Dazu demnächst: Wolfgang Wippermann, „Wir sind in die Irre gegangen." Ideologiegeschichte der evangelischen Kirche in Deutschland.

[202] Zitiert nach: Helmut Ruppel/Ingrid Schmidt/Wolfgang Wippermann, „... stoßet nicht um weltlich Regiment"? Ein Erzähl- und Arbeitsbuch vom Widerstehen im Nationalsozialismus, Neukirchen-Vluyn 1986, S. 27.

[203] Laut Paragraf 166 des deutschen Strafgesetzbuches kann „Gotteslästerung" aber nur dann bestraft werden, wenn sie die „öffentliche Sicherung" stört und beeinträchtigt.